秦风汤汤

「诗经」里的陕西

陈正奇 刘宁 著

陕西新华出版
陕西旅游出版社

图书在版编目（CIP）数据

秦风汤汤：《诗经》里的陕西 / 陈正奇，刘宁著.
— 西安：陕西旅游出版社，2018.12（2024.1 重印）
ISBN 978-7-5418-3649-7

Ⅰ.①秦… Ⅱ.①陈…②刘… Ⅲ.①《诗经》—诗歌研究②文化史—研究—陕西 Ⅳ.①I207.222②K294.1

中国版本图书馆CIP数据核字（2018）第123401号

秦风汤汤——《诗经》里的陕西   陈正奇 刘宁 著

责任编辑：邓云贤
出版发行：陕西新华出版传媒集团　陕西旅游出版社
（西安市曲江新区登高路1388号　邮编：710061）
电　　话：029-85252285
经　　销：全国新华书店
印　　刷：盛大（天津）印刷有限公司
开　　本：787mm×1092mm　　1/16
印　　张：12.375
字　　数：134千字
版　　次：2018年12月　第1版
印　　次：2024年1月　第2次印刷
书　　号：ISBN 978-7-5418-3649-7
定　　价：49.50元

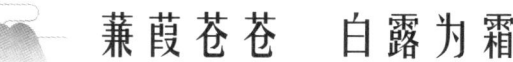蒹葭苍苍　白露为霜

《诗经》是我国最早的诗歌总集，其中大部分诗歌都是西周王朝的采诗官从民间采集来的。其创作时间长达500余载，后又经数次加工整理，终以305篇成书。司马迁在《史记·孔子世家》里说："古者，诗三千余篇，及至孔子，去其重，取其可施于礼义，上采契后稷，中述殷周之盛，至幽厉之缺，始于衽席。故曰《关雎》之乱，以为《风》始，《鹿鸣》为《小雅》始，《文王》为《大雅》始，《清庙》为《颂》始。三百五篇孔子皆弦歌之，以求合韶武雅颂之音。礼乐自此可得而述，以备王道。"可见，在司马迁眼里，《诗经》就是经孔子最后删定，并配乐演唱，才使这些诗传唱下来的。然而，后世学者对此多有存疑，我们姑且从之。

《诗经》不仅是我国最早的诗歌总集，而且是几千年来中国文学的奠基之作、经典之作，它奠定了我国古典文学的现实主义基础。因此，《诗经》具有较高的史料价值。它在一定程度上反映了我国奴隶社会从西周兴盛到春秋瓦解的历史过程。正因为如此，我们可以以《诗经》为线索，结合文献及地下考古发掘资料，还原这一时期的历史风貌。《秦风汤汤——〈诗经〉里的陕西》，就是从这个方面进行尝试和探索，它可使我们从中看到周秦时代陕西社会的冰山一角。

"关关雎鸠，在河之洲。窈窕淑女，君子好逑。"爱情是人类社会

的永恒主题，是社会风俗的写照。《诗经》的开篇之作——《关雎》讲的就是一位青年男子追求美丽贤淑的姑娘的故事。此诗生动地描述了青年男子追求心上人时焦虑、急迫的心态和昼思夜想的相思情景。有研究者认为，此"君子"者，指周文王姬昌；此"淑女"者，指有莘氏之女，太姒也。因此，《关雎》就成为中国最早的爱情诗。今陕西合阳的洽川湿地就是《关雎》的诞生地，这里有古莘国遗迹和处女泉可以做证。

社会风俗具有鲜明的民族特色和地域特征。《秦风汤汤——〈诗经〉里的陕西》第一章从婚恋到悼亡，从燕饮到田猎，用四大类诗歌展示了周秦社会的民风民俗，且这些社会活动与周礼契合，反映了周礼制度下"诗乐合一"与"礼乐一体"的文化体系。在《诗经》的陕西诗歌中，周秦时代陕西社会的婚恋习俗、丧葬习俗、燕饮习俗均能看出端倪。

"蒹葭苍苍，白露为霜。"这是《诗经·秦风》中的一首，是一篇怀念情人的恋歌，却写出了初生芦苇的勃勃生机。孔子曰："诗可以兴，可以观，可以群，可以怨。迩之事父，远之事君，多识于鸟兽草木之名。"草木有情，它是人们赖以生存的一部分。故《诗经》的作者们对植物赋之以灵性，赞美其丰茂，感受其生命之韵律，借以寄托人们的情思和敬意，使其具有了人文情怀。

《秦风汤汤——〈诗经〉里的陕西》里所见《大雅·绵》《大雅·生民》《秦风·蒹葭》《秦风·晨风》等都是反映陕西地域文化风貌的诗歌，描述了周人和秦族发迹、壮大、强盛的过程，阐释了植物的文学意义和史学价值，同时，还兼顾了对陕西特色植物的描写。

"率时农夫，播厥百谷。"周族先祖对关中农事发轫较早，从《大雅·绵》到《大雅·生民》到《大雅·公刘》，都是歌颂周族先祖艰辛创业的史诗。还有从"绵绵瓜瓞，民之初生"到"周原膴膴，堇荼如饴"，从"麻麦幪幪，瓜瓞唪唪"到"投我以木瓜，报之以琼琚"，可见，凡后世所说之五谷杂粮，瓜果蔬菜，均能从《诗经》中找到，这自然是农事的范畴。也就是说在西周时代，"五谷"皆备矣。

所谓"五谷"一词，始见于《论语·微子》，说的是孔子带领学生出游，子路落在后面，问路边用拐杖挑着蓧的老人说："子见夫子乎？"丈人曰："四体不勤，五谷不分，孰为夫子？"这里所说的"五谷"具体是什么，后世说法不一。有粟（稷）、菽（豆）、麦、麻、稻之说，也有麻、黍、稷、麦、菽之说，后来关中又将此演绎、约定俗成为根、角、悬、穗、蔓之说。这些说法都能在《诗经》里找到蛛丝马迹。

在周人眼里，文王姬昌上应天命，品德纯美。《周颂》故有："维天之命，于穆不已。于乎不显，文王之德之纯"的赞美诗句。周人"以德配天"的天命观，以宗法制为核心，从周王活动、祭祖、祝颂、讽喻四个维度展现了周人的政治思想文化，通过歌颂先祖，立德净心，达到神话王室统治之目的。

岂曰无衣？与子同袍。

王于兴师，修我戈矛。与子同仇！

岂曰无衣？与子同泽。

王于兴师，修我矛戟。与子偕作！

岂曰无衣？与子同裳。

王于兴师，修我甲兵。与子偕行！

这是《诗经》中收录的《秦风·无衣》诗。它是一首战争诗，反映了秦人作为周王室的附庸，奉周王之命去抗击犬戎的事情，表现出秦人士兵慷慨激昂的斗志和豪迈乐观的精神，体现出秦人同仇敌忾、舍生忘死、保卫家园的尚武精神。

《周颂·清庙》是一首祭祀周文王的乐歌。全诗仅有八句，将整个祭祀过程完整地描述出来。显示出宗庙的庄严清静，祭祀者的尊贵显赫，参祭者的众多，文王的美德光耀四方，后世之敬仰，永无止境。

《清庙》曰：

於穆清庙，肃雍显相。

济济多士，秉文之德。

对越在天，骏奔走在庙。

不显不承，无射于人斯！

《大雅·文王》又云：

文王在上，於昭于天。

……

上帝既命，侯于周服。

《诗经》中的战争诗主要表现周天子、诸侯的文治武功，充满了尚武情怀，但也在一定程度上表达了普通老百姓的心声。如《邶北·击鼓》写戍卒思归不得的哀叹；《卫风·伯兮》写女子因思念远征的丈夫而无心梳妆，相思成疾；《王风·君子于役》写女子在暮霭中望眼欲穿，渴望丈夫早日归来。

《尚书·舜典》曰："诗言志，歌咏言。"无论古今中外，诗都是与社会、人生密切相关的。以上赘述，仅是对《秦风汤汤——〈诗经〉里的陕西社会》一书的管窥之见，诚惶诚恐。

权充作序。

陈正奇

2018 年 11 月 30 日

目 录

蒹葭苍苍　白露为霜

第一章　窈窕淑女　君子好逑——风俗

　　第一节　婚恋……3
　　第二节　悼亡……17
　　第三节　燕饮……24
　　第四节　田猎……36

第二章　蒹葭苍苍　白露为霜——植物

　　第一节　植物书写的意义……45
　　第二节　植物意象的文化内涵……51
　　第三节　《诗经》中的其他植物……62

第三章 率时农夫 播厥百谷——农事

第一节 农事发端……85

第二节 农作物……89

第三节 农具……96

第四节 耕作方式……103

第四章 维天之命 于穆不已——政治

第一节 祭祀……109

第二节 祝颂……116

第三节 宴飨……123

第四节 讽谏……131

第五章 王于兴师 修我戈矛——战争

第一节 周代军礼……145

第二节 征人之心……153

第三节 战车与马车……163

第四节 兵器及其他……171

参考文献

跋

第一章

窈窕淑女　君子好逑——风俗

风俗是一个民族和地区长期形成的各种行为方式的总和，具有鲜明的民族特色和地域特征。周代风俗在《诗经》中的表现是多方面的，包括婚恋习俗、丧葬习俗、燕饮礼仪、田猎制度等社会生活的各个层面。在古代，风俗被认为是稳定社会秩序、维护社稷、教化人们的政治工具。周代风俗的特殊性在于其与周礼的融合，周人所津津乐道的各种礼仪细节，既是社会文化的仪式化，也是时代风俗的具体化，充分展现了自然与政治对人们日常行为方式的深刻影响。

第一节 婚恋

爱情与婚姻,在任何时代都是人类社会生活的重心。《诗经》中保存的大量陕西地区的婚恋诗,为我们了解周代婚俗文化提供了重要参考资料。周王畿地区在陕西,受周礼影响颇深,陕西地区的婚俗保留着许多西周礼制影响下贵族婚姻的特点。据刘生良教授考证,《诗经》中属于陕西地区的162篇诗歌中[①],婚恋诗共30首,包括宫廷婚恋诗和民间婚恋诗两种。宫廷婚恋诗以西周礼乐制度影响下的婚恋礼俗为主,民间婚恋诗以反映周王畿地区的民间婚恋习俗为主,较少涉及夏、商、东夷等故地的民间婚恋遗俗。

一、《诗经》中的陕西婚恋诗

陕西婚恋诗中保留最多的是宫廷婚恋诗,主要有《大雅》中的《大明》《思齐》《韩奕》,《小雅》中的《常棣》《鸳鸯》《车辖》,《周南》中的《关雎》,《召南》中的《鹊巢》《采蘋》,《豳风》中的《伐柯》。此外,还有许多诗歌能够补充陕西婚俗,如《召南》中的《草虫》《行露》《殷其雷》《摽有梅》《野有死麕》,《秦风》中的《小戎》《蒹葭》《终南》《晨风》,《豳风》中的《东山》《九罭》,《小雅》中的《杕杜》《我行其野》《谷风》《皇

---

① 刘生良.《诗经》中的周代陕西诗歌考论[J].陕西师范大学学报(哲学社会科学版),2012.

皇者华》《都人士》《采绿》《隰桑》《白华》《苕之华》《何草不黄》。

《大雅·大明》是一首叙述王季和太任、文王和太姒结婚,以及武王伐纣的史诗。

明明在下,赫赫在上,天难忱斯,不易维王。天位殷適,使不挟四方。

挚仲氏任,自彼殷商,来嫁于周,曰嫔于京。乃及王季,维德之行。

大任有身,生此文王。维此文王,小心翼翼。昭事上帝,聿怀多福。厥德不回,以受方国。

天监在下,有命既集。文王初载,天作之合。在洽之阳,在渭之涘。

文王嘉止,大邦有子。大邦有子,俔天之妹。文定厥祥,亲迎于渭。造舟为梁,不显其光。

有命自天,命此文王,于周于京。缵女维莘,长子维行,笃生武王。保右命尔,燮伐大商。

殷商之旅,其会如林。矢于牧野:"维予侯兴。上帝临女,无贰尔心!"

牧野洋洋,檀车煌煌,驷騵彭彭。维师尚父,时维鹰扬。凉彼武王,肆伐大商,会朝清明。

《大雅·大明》第二、四章分别描写了王季娶太任、文王娶太姒的场景。从该诗中可知,王季之妻、文王之母来自挚国,任姓,称太任;文王娶的是莘国之女,姒姓,称太姒。这反映了当时贵族同姓不婚的择偶原则,也是诸侯间相互联姻的例证。文王娶太姒时,占卜的结果很吉祥,即所谓"文定厥祥"。举行婚礼时,文王"不仅亲迎于渭",还"造舟为梁",场面十分宏大。

《大雅·韩奕》是一首歌颂韩侯的诗。该诗叙述了韩侯朝周、受王册命、受王赏赐,离开镐京抵达蹶里后,结婚的盛大场面。该诗第四章写道:"韩侯取妻,汾王之甥,蹶父之子。韩侯迎止,于蹶之里。百两彭彭,八鸾锵锵,不显其光。诸娣从之,祁祁如云。韩侯顾之,烂其盈门。"按诗中所写，韩侯娶的是周厉王的外甥女，韩侯亲自迎娶和双方送迎的车辆都有百辆之多，陪嫁的女子众多。

《召南·何彼秾矣》写周天子的女儿或孙女出嫁，随行车马华丽，场面盛大和睦。诗中写道："何彼秾矣，唐棣之华！曷不肃雍？王姬之车。何彼秾矣，华如桃李！平王之孙，齐侯之子。其钓维何？维丝伊缗。齐侯之子，平王之孙。"

以上这些作品，反映了周代陕西地区贵族婚娶的场面及婚制与流程。

二、《诗经》与周代婚制

周代的婚姻形态主要有四种：一是群婚，二是对偶婚，三是媵嫁婚，四是烝报婚。① 其中，媵嫁婚应该是当时贵族们最主要的婚嫁方式，烝报婚次之，群婚制衰微，影响比较小，后来逐渐被一夫一妻制的对偶婚取代。

《小雅·黄鸟》中"言旋言归，复我邦族"体现了氏族之间的联姻，"言旋言归，复我诸兄""言旋言归，复我诸父"体现了群婚制下多父多母的特征。群婚指一群男子与一群女子集体互相通婚，是一种集团婚姻制，又称为普纳路亚婚。据闻一多先生考证，普亚血缘群婚制② 在商代末年仍然存在。群婚制分为女婚、男嫁两种形式，《诗经》中反映群婚制状况的诗歌大多是男子出嫁女方。男嫁为外婚制，是群婚制的高级形态。

---

① 毛忠贤.《诗经》涉及的三种婚俗形态.第二届《诗经》国际学术研讨会论文集[C].北京：语文出版社，1996.

② 普亚血缘群婚制：又叫伙婚制，亚血缘家庭或普纳路亚家庭，是指若干数目的姊妹与若干数目的兄弟共同结婚，是同辈分男女之间的集团婚，但从两性关系中排除了兄弟姐妹间的通婚，为群婚的高级形式。

《诗经》所涉及的第二种婚制,乃对偶婚。①对偶婚是伙婚制向专偶制过渡的一种形式,指不同氏族的男女在一段时期内以一男一女为单位组成配偶,以女性为中心共同生活。在成熟的对偶家庭中,婚姻双方伴侣固定,父子关系明确。在对偶婚中,男子需要长期在女方家族中劳动,并承担抚养子女的义务。

《召南·鹊巢》中有"维鹊有巢,维鸠盈之","盈"即满,意思是陪嫁的人非常多。媵嫁婚是周代贵族婚姻的主要形式,据《春秋公羊传》说,诸侯一娶九女,二国往媵之,以侄娣从,"即天子、诸侯娶妻,妇家除以嫡女为夫人外,还要以夫人庶出的妹妹和侄女为媵妾,组成一个妻群嫁给他们的一个共同的丈夫。"②《大雅·韩奕》描写得更为明确,"诸娣从之,祁祁如云",将陪嫁的众妾比作漫天的云彩,可见当时场面之盛,陪嫁女子之多。这种情况在春秋时期时有发生。秦穆公为了控制东邻晋国,从楚国迎回在外流浪多年的晋公子重耳,准备将他送回晋国做国君。为了示好,秦穆公将曾为晋怀公之妻的怀嬴及五个秦国女子送给重耳,这是一例。

《豳风·七月》所言"女心伤悲,殆及公子同归",一个"归"字表达了一位不愿与女公子一起出嫁的少女内心不可言说的惆怅与哀怨。因为根据周礼规定,女子远嫁,父母在,可以归宁,却不可以轻易归宁。父母逝世,则派遣大夫归宁于兄弟。这种对于出嫁女子的严苛规定,使得《诗经》中有不少反映女子远嫁他乡后思念故土的诗歌,格调凄凉悲苦,感情缠绵哀婉。

---

① 对偶婚:不同氏族的成年男女,在长期或短期内保持相对稳定的偶居生活的婚姻形式。

② 吴广义.《诗经》爱情诗在中国文学史上的特殊地位和影响.阴山学刊(社会科学版),1995.

《周南·葛覃》是此类诗中唯一一首比较欢快的诗,"言告师氏,言告言归。薄污我私,薄浣我衣。害浣害否,归宁父母。"写一位贵族女子在得到"师氏"同意后,高高兴兴换洗干净衣服回娘家的喜悦心情。与嫡女作为正妻不同,陪嫁女的身份十分卑微,有的甚至被当作生育工具,很少有人关注她们的情感体验。

烝报婚,名烝报收继制。"烝"的意思是父亲死后,儿子娶庶母为妻,指直系之间发生超越辈分的婚姻关系。"报"指兄弟、叔伯死后,弟弟、侄子可以娶他们的遗孀为妻,一般是旁系之间。在汉代以前,烝报婚是合法婚姻,是符合当时上层贵族道德规范的婚姻习俗之一,烝、报所生的子女拥有继承权。烝报婚受父权制公社时期以女子为私有财产观念的影响,把妻妾看作可以被子孙继承的财产,在当时并没有后世所谓的乱伦一说。烝报婚在当时氏族中发挥着重要作用,不仅可以团结宗族,还可以保护家族财产不外流。关于烝报婚的实例,《左传》中的记载有很多,如桓公十六年卫宣公烝父妾夷姜生急子,宣公三年郑文公报叔父之妻陈妫而生子华、子臧。在《诗经·卫风》中,对于这些事件都有所反映,在受周礼影响较大的陕西地区则相对较少。

需要注意的是,以上几种"媒婚"大多发生在士及以上的贵族之间。与之相对,民间仍存在自由恋爱、自由婚姻的习俗。距离中原礼制文明越近的地方,受到周礼的约束越多,在诗歌中也不是全无保留。距离中原礼制文明越远的地方,如东、南各部落长期受上古群婚遗俗影响,虽然没有完全保留这些婚俗,但多少还残留着原始婚俗的痕迹。这些民间婚恋习俗在诗歌中主要反映为以下三种:

1. 婚节。据《周礼·地官司徒》记载:"中春之月,令会男女。于是时也,奔者不禁。若无故而不用令者,罚之。司男女之无夫家者而会之。"① 可见在周代,婚节是由官方组织的、具有一定规章制度的法定节日。《诗经》中反映婚节情形的诗歌,主要集中在《国风》中,以《卫风》《郑风》为代表。在陕西地区的民间婚恋诗中,对婚节的记载是比较少的。

2. 野合,指不合礼仪的交媾。《召南·草虫》中"亦既见止,亦既觏止","觏"即"媾"。《正义》曰:"觏,合也,男女以阴阳合其精气,以觏为合。"这首诗从女子"未见君子"而引起的性焦虑说起,直至交媾后"我心则降",反映了男女野合中女子心情变化的全过程,总体说来是对野合者的歌唱。这样的诗歌还有《召南·野有死麕》,"野有死麕,白茅包之。有女怀春,吉士诱之""舒而脱脱兮"等句,反映的都是同样的情景。

3. 婚前性生活自由。由于野合习俗尚在,当时女子缺乏贞操观,男子亦比较随意,女子只需要在婚后守贞。

男女相会图

---

① 周礼[M].徐正英,常佩雨,译注.北京:中华书局,2017.

三、周代婚龄和婚期

根据周代"男子二十而冠，女子十五而笄"的规定可知，当时男子二十岁、女子十五岁即成年，成年便可成婚。又据《周礼·地官司徒·师氏媒氏》所载："令男子三十而娶，女二十而嫁"①，可知男三十、女二十是成婚的大好年纪。与普通庶人相比，国君成婚的年龄比较早，《礼记正义》②中提到古《春秋左氏》说："国君十五而生子，礼也。"

《召南·摽有梅》曰："摽有梅，顷筐塈之。求我庶士，迨其谓之。"讲一位待嫁女子在暮春时节，婚期将近之时写了一首委婉的求爱诗。周人的婚期多定在春忙之前，偶尔会在夏季或秋季举行。根据弗雷泽在《金枝》中对"两性关系对于植物的影响"观念来看，古人将婚期或婚节定在春季，是因为他们把植物的生长繁殖能力拟人化。人们按照交感巫术中"同类相生"的"相似律"原则，通过春天模仿植物的性交以期达到万物回春的目的。周人在春季结婚的另一种解释是根据当时的生活条件，人们只有秋收以后、春忙以前这一段时间较为闲暇，才有余力举办大型婚庆仪式。因为婚礼仪式烦琐、耗时长，在冬天就要开始择期、定亲等准备仪式，正式的婚礼自然就拖延到了春天。按照周礼的规定，婚礼必须在黄昏举行，因而得名"婚礼"。昏指"日入后二刻半"，也就是现在的下午五点半到五点四十五之间。古人认为这时正是阴来阳往的时候，符合女子出嫁男方的特质，比较适合结婚。

通读《召南·摽有梅》全诗可以发现，诗中女主人公的心态经历了一系列复杂的变化。"摽有梅，其实七兮。求我庶士，迨其吉兮。"当树上的梅子果实距离成熟的时间还很久时，这位姑娘希望心上人可以选择一个好日子迎娶自己。"摽有梅，其实三兮。求我庶士，迨其今兮。"当

---

① 周礼[M].徐正英，常佩雨，译注.北京：中华书局，2017.
② 十三经注疏整理委员会.礼记正义[M].北京：北京大学出版社，1999.

树上的梅子果实快要成熟时，这位姑娘希望心上人可以今天就把自己娶了。可是等到梅子的果实都没了，"摽有梅，顷筐塈之。求我庶士，迨其谓之。"这位姑娘已经不再奢望婚姻，只是希望心上人可以和自己私会见面。女主人公的心理随着季节的改变而越来越焦急，这并不是说她有多恨嫁，而是和当时的婚制、婚期息息相关。前文我们已经说过，周代婚礼大多在春忙之前举行，这位姑娘从大家都开始举办婚礼的早春就开始等，认为还有希望，一直等到春天都要结束了，还没有等到，就放弃了结婚的打算。这表明当时春季以后一般不举行婚礼。最后，这位姑娘只希望心上人可以私会自己而不再提婚姻，也与当时官府提倡婚节男女可以自由交往有关。从这位姑娘的心态变化来看，成就婚姻是当时少女们的最佳选择，婚节只是为那些错过婚姻的适婚男女提供一个可以弥补的机会，所以她一直等到最后一刻，才无奈做了"求我庶士，迨其谓之"的选择。

四、婚仪

"婚"指妇家，"姻"指夫家，"婚姻"代表两个家族的结盟，婚恋仪式必然涉及两个家庭的互动。一个女孩自出生时起，她的父母便要着手计划女儿的教育，使她日后可以成为一名合格的妻子。男方家庭在男子成年之后，要按照"六礼"[①]的规定，为他择娶门当户对的妻子。这诸多的礼仪有很多都保留至今，成为汉族传统婚姻文化不可分割的组成部分。

1. 女子婚前教育

《小雅·斯干》最后一章写道："乃生女子，载寝之地。载衣之裼，载弄之瓦。无非无仪，唯酒食是议，无父母诒罹。"意思是说，如果生了女儿，就让她睡到宫殿屋脚地上，用襁褓把她包起来，找来陶

[①] "六礼"：指纳采、问名、纳吉、纳征、请期、迎亲。

制的纺锤让她玩,教她不招惹是非,每天只考虑好家人的酒食饭菜,知理知法不给父母添麻烦即可。根据《礼记·内则》记载,出身大夫以上家庭的女子,拥有保姆、傅母、女师三位老师。她们从十岁开始就必须待在家中,跟随保姆学习纺织、缝纫、刺绣、助祭等技能。在出嫁前三个月,这些未婚少女聚集在"公宫"或"宗室",跟随女师学习"妇德、妇言、妇容、妇功"。周代对于女子的教育影响十分深远,即使是出嫁多年的女子,仍要遵从女师的教导,恪守各种礼仪。

成婚图

2. "父母之命,媒妁之言"

《豳风·伐柯》曰:"伐柯如何?匪斧不克。取妻如何?匪媒不得。""媒",《说文解字》中解释为"谋也。谋和二姓,以成婚媾也"。"妁"是"媒"的同义词。媒妁就是媒人——男女双方婚姻前为他们牵线搭桥之人,在周人的婚姻中扮演着相当重要的角色,地位很高。在周代,官府设有"高媒氏"以"掌万民之判"，专门负责男女婚恋之事。周人认为"且夫处女无媒，老且不嫁"，意思是通过媒人娶妻子，就像砍斧子柄必须用斧子一样，是自然而然的事情。后世将媒人做媒称为"伐柯""作伐"，便是源于这首诗。

在周人的观念中，只有得到父母同意、由媒人行媒牵线的婚姻，才是得到世人认可、最具权威性的婚姻。这种婚姻由父母做主的观念，与西周至春秋时期盛行的"孝亲"观念有关。尊敬、顺从父母，是子女追求的美德之一。随着宗族政治的发展，婚姻在贵族家庭中逐渐成为维护家族利益的工具，个人牺牲其婚恋自由的权利而为家族谋取最大政治利益成为"孝亲"的重要内容。当然，正如孟子所言："父母之心，人皆有之。"为人父母者，少有不为儿女的幸福尽瘁者，又因为女子在婚姻中处于弱势地位，所以父母对女儿的婚姻更为操心，也许他们一个小小的疏忽，便可能成为女儿一生不幸的源头。"父母之命"对于家长们来说，不仅仅是一份握在手中的权力，也是一份沉甸甸的责任。

3. 婚配"六礼"

婚姻是两姓结合的大事，关涉着祭祀祖先、繁衍后代的重任。周人通过一系列繁杂的礼节和仪式，强调婚姻的重要性。根据《礼记·昏仪》和《仪礼·士昏礼》的记载，士一级的婚礼流程主要分为六步：纳采、问名、纳吉、纳征、请期、亲迎。在这一系列过程中，男方的使者到达女方家里前，女方的父亲不仅要事先在宗庙中摆设筵席祭祀先父（祖），还要在大门外迎接使者；等使者进入家门后，双方先互相作揖，然后相互谦让着进入宗庙，在先父（祖）的灵位前，女方的父亲听受男方使者带来的辞命。

纳采为婚礼"六礼"之首，一般是男方正式派媒人向女方提亲。通常，当男方想要与女方结亲时，会先派媒人前往女方家里表达提亲的意思，若女方同意议婚，男方才会再次派遣媒人行纳采之礼，所用的礼物是一只大雁。大雁有随季节南北迁徙的习性，因此雁又被称为"随阳鸟"，有妻随夫之意。古人认为雁的生活习性十分符合礼度，不失时节。纳采用雁即象征着女子要遵守自然法则按时出嫁，也象征其婚后跟随着丈夫一起生活要守礼节。每只大雁都拥有固定的配偶，一旦配偶死亡，便不再择偶，其用情至深，也暗示婚后妻子对丈夫的忠贞。婚礼"六礼"中，纳采、问名、纳吉、请期、亲迎都要用到雁，我们可以看到周人对幸福婚姻的期待与憧憬。举行纳采仪式时，女方的父亲会事先摆筵席祭神，男方使者即媒人穿着黑白两色的礼服（玄端服）来到女方家门外，女方家里负责佐礼的傧者进门向主人禀告，主人亲自到门外迎接男方使者，双方行礼后进门。纳采时，媒人要向主人致纳采辞。

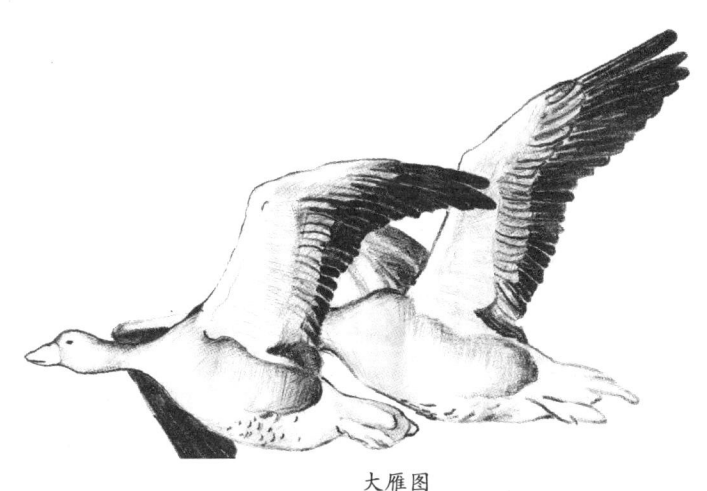

大雁图

《大雅·行苇》曰："戚戚兄弟，莫远具尔。"《大雅·板》曰："大邦维屏，大宗维翰。"《小雅·頍弁》曰："有頍者弁，实维在首。尔酒既旨，尔肴既阜。岂伊异人，兄弟甥舅。"《小雅·伐木》曰："伐木许许……

以速诸父。宁适不来,微我弗顾……以速诸舅,宁适不来,微我有咎。"描述了问名时的场景。问名时,男方派媒人到女方家里询问其母亲的姓氏,一般由前去纳采的媒人兼行。周人的婚姻原则是"结两姓之好",故有"同姓不婚"的传统。周朝建立后,周王虽然取得了天下共主的地位,面对的仍然是一个异姓诸侯国林立的政治格局。为了巩固和扩大周的实力,周人通过政治联姻,实行"同姓不婚",建立了以氏族为单位的姻亲制。通过这种氏族联姻,王畿临近的封国不再是与姬姓毫无血缘关系的异质力量。纳采礼之后,摈者出到庙门询问媒人还有什么事情,媒人会手拿另外一只雁,告诉摈者还需要询问女子的姓名。摈者回去征得主人同意后,媒人再次进门,由主人告知其女儿的姓名。待问名结束后,主人用醴礼酬谢客人。

纳征图(以后代婚礼为图例)

《大雅·大明》曰："文定厥祥,亲迎于渭。"《朱熹集传》曰："文,礼；祥,吉也。言卜得吉而以纳币之礼定其祥也。"纳采、问名之后,媒人回到男方家里,根据男女双方的生辰占卜吉凶。得到吉卦,男方家里便派使者告诉女方,这称为纳吉。纳吉时到女方家后的礼节和之前纳采是一样的。纳吉之后是纳征,到女方家纳征的礼节和纳吉时一样。纳征在《春秋》中也写作"纳币",都是向女方家下聘礼的意思,女方一旦接受聘礼,就预示着婚事已成,不能再反悔,因此纳征又叫完聘、大聘或过大礼。订婚被称为"文定",订婚之后男方会再次派遣媒人到女方家里请示婚期,女方推辞说："婚期还是由男方决定吧！"媒人这时会将男方占卜出来的婚礼吉日告诉女方,这称之为"请期"。请期的礼仪和纳征时一样,请期时男方不直接告诉女方家里占卜的结果,而是用"请"表示听命于女方,是对女方家的尊重。纳吉、纳征、请期这三件事都需要媒人逐次到女方家里商议,唯有问名与纳采是一次兼行的。

　　《小雅·车辖》曰："四牡骙骙,六辔如琴。觏尔新婚,以慰我心。"《大雅·韩奕》曰："韩侯迎止,于蹶之里。百两彭彭,八鸾锵锵,不显其光。"描写了贵族迎亲时的盛大场面。亲迎是整个婚礼中最为重要的环节。到了婆娶那一天,新郎带着礼物前去迎亲。礼物并不贵重,多是一些布帛或肉干。车队到了女方家大门外,新娘父亲拱手行礼,请新郎进门。新郎带着礼物与雁走到庙门口,与新娘父亲互相揖让进入庙门,三揖三让后登入堂上。奠雁礼之后,新娘跟着新郎一起出来,新郎先行登上迎接新娘的礼车,亲自将上车用的挽索递给新娘。新娘踩着矮几上车坐好后,由新郎驾车,等车轮转三圈之后,新郎下车,由车夫驾车。新郎坐上自己的车先走,在自家大门外等候新娘的到来。男子先行代表着夫唱妇随,妻以夫为纲。

4. 成婚礼

新娘到达夫家后，男方家里开始举办宴席。新郎行礼请新娘入席，两人在各自的席前坐下，祭祀后饮食。新郎、新娘饮食结束后，陪嫁者和女御开始上席。陪嫁者吃的是新郎余下的食物，女御吃的是新娘余下的食物，下席后陪嫁的媵妾们要在新郎、新娘房门外侍候。

5. 公婆款待新娘

新婚第二天清晨，新娘很早就要起床沐浴更衣，穿上黑色的正服，等候拜见公婆。新娘拜见公婆时要捧着装有枣、栗的笲作为礼物，公婆设宴答谢媳妇。公婆用"一献之礼"款待媳妇：公公先向媳妇敬酒（献），新娘回敬公公（酢），公公再喝一杯，公公喝完后，婆婆倒酒再敬（酬）。此外，公公要用"一献之礼"款待女家来送亲的执事，赠给他五匹锦；婆婆要用"一献之礼"款待来送亲的男仆的妻妾，也要赠五匹锦。如果新娘不是本国人，男方家需要到男性送婚者的住处，再送五匹锦。

6. 奠菜礼

如果新娘嫁到夫家时，男方的父母已经去世，那么新娘在过门后的三个月内，要准备好素食祭祀公婆的在天之灵。行奠菜礼时，新娘要在考妣之庙的西南角为公公设席，祝以新娘的姓向神祷告说："某氏来您家里做媳妇，冒昧用美味的菜祭祀尊敬的公公。"祭祀完公公后，新娘下堂从执事手中接过另一份祭菜，走到婆婆的席前，像祭祀公公一样再祭祀一遍婆婆。等新娘祭祀完毕，男方家家臣中的长者代替公婆设席酬谢新娘，新郎分别用酒食款待送婚者中的男人和女人。

第二节 悼亡

《周礼·春官宗伯·大宗伯》中有"以丧礼哀死亡",可见丧礼就是哀悼死者的礼仪。丧礼起源很早,是一项非常古老的仪式。早在夏商时代,我国的丧葬礼仪就已经开始形成固定程式,至周代已经发展得非常成熟。根据死者身份,丧礼有着严格的等级制度。据《仪礼·士丧礼》《仪礼·既夕礼》记载,士阶层的丧礼仪节包括招魂、服丧、报丧、致襚、沐浴、饭含、袭尸、小敛、大敛、设奠、朝夕哭、筮宅、卜葬日、启殡、迁柩、饰车、陈明器、来宾助丧、大遣奠等19项。这些烦琐的礼节背后,是周人对死者的敬重与怀念。春秋战国以后,周代丧礼主要被中原地区继承,在今天关中地区的传统葬礼上,仍然可以看到古礼的部分影子。

悼亡,是生者对死者的怀念。《诗经》中比较典型的悼亡诗有《邶风·绿衣》《唐风·葛生》,这两首开启了我国悼亡诗的先河。《诗经》中的陕西诗歌中,并没有专写悼亡的诗歌。《召南·甘棠》《秦风·黄鸟》《小雅·蓼莪》这三首诗的内容与悼亡颇有关联,《召南·甘棠》怀念召伯奭,《秦风·黄鸟》哀悼三良,《小雅·蓼莪》悼念父母。与《邶风·绿衣》《唐风·葛生》相比,这三首诗的哀悼对象不仅有血脉相连的家人,还有德才兼备的贤臣,隐藏了作者希望国家政治清明、贤士可以得到重用的政治理想。

悼亡图

一、追思召伯虎

《召南·甘棠》是一首追思召公的诗篇。

蔽芾甘棠，勿翦勿伐，召伯所茇。

蔽芾甘棠，勿翦勿败，召伯所憩。

蔽芾甘棠，勿翦勿拜，召伯所说。

诗中的"召伯"在《小雅·黍苗》《大雅·崧高》中均有提到："悠悠南行，召伯劳之"，"王命召伯，定申伯之宅"。召伯是辅佐周宣王征战南方淮夷，随同周平王东迁，功绩卓著的大臣召伯虎。《召南·甘棠》这首诗作于召伯死后人们怀念他、追思他。

《史记·燕召公世家》中记载得比较明确："召公之治西方，甚得兆民和。召公巡行乡邑，有棠树，决狱政事其下，自侯伯至庶人各得其所，无失职者。召公卒，而民人思召公之政，怀棠树不敢伐，歌咏之，作甘棠之诗。"

全诗三章，每章三句，由睹物到思人，由思人到爱物，人物交融为一。对甘棠树的一枝一叶，从不要砍伐、不要毁坏到不要折枝，可谓爱之有加。这种爱源于对召伯德政教化的衷心感激。"勿伐""勿败""勿拜"三语，告诫人们不要损伤树木，再说明其中原因，笔意有波折亦见措辞之妙。

方玉润《诗经原始》说："他诗练字一层深一层，此诗一层轻一层，然以轻愈见其珍重耳。"顾广誉《学诗详说》说："丕言爱其人，而言爱其所茇之树，则其感戴者益深；不言当时之爱，而言事后之爱，则怀其思者尤远。"陈震《读诗识小录》说："突将爱慕意说在甘棠上，末将召伯一点，是运实于虚法。缠绵笃挚，隐跃言外。"三人对此诗的技巧、语言都有精辟的论述，读者可以善加体味。全诗完全用赋体铺陈推衍，物象简明而寓意深远、真挚恳切，吴闿生《诗义会通》引旧评许为"千古去思之祖"。

二、悲惋"三良"

我国的人殉制度早在新石器时代晚期就出现了，它是原始社会兽殉的孑遗和衍生。在西安市的长安区客省庄二期文化和东郊十里铺米家崖遗址中已有人殉的遗痕。距今 4000 年左右的齐家文化中，有妻妾屈肢向丈夫为其殉葬的现象。殷商王朝将人殉作为礼法制度固定下来。春秋时期，人殉之风普遍流行，秦国的人殉制度就是在这种社会土壤中产生的。

《秦风·黄鸟》是一首秦人讽刺秦穆公以人殉葬，悲惋秦国"三良"的挽诗。

交交黄鸟，止于棘。谁从穆公？子车奄息。维此奄息，百夫之特。临其穴，惴惴其栗。彼苍者天，歼我良人！如可赎兮，人百其身！

交交黄鸟，止于桑。谁从穆公？子车仲行。维此仲行，百夫之防。临其穴，惴惴其栗。彼苍者天，歼我良人！如可赎兮，人百其身！

交交黄鸟，止于楚。谁从穆公？子车鍼虎。维此鍼虎，百夫之御。临其穴，惴惴其栗。彼苍者天，歼我良人！如可赎兮，人百其身！

该诗第一章悼惜奄息，分为三层来写。首二句"交交黄鸟，止于棘"起兴，以黄鸟的悲鸣叙子车奄息被殉之事。据马瑞辰《毛诗传笺通释》的解释，"棘"之言"急"，是语音相谐的双关语，给此诗渲染出一种紧迫、悲哀、凄苦的氛围，为全诗的主旨定下了哀伤的基调。中间四句，点明子车奄息殉葬秦穆公之事，并指出当权者所殉的是一位才智超群的"百夫之特"，从而表现秦人对子车奄息遭殉的无比悼惜。后六句为第三层，写秦人为子车奄息临穴送殉的悲惨、惶恐的情状，"惴惴其栗"一语充分描写了秦人目睹活埋惨象的惶恐情景。这惨绝人寰的景象、灭绝人性的行为，使目睹者发出愤怒的呼号，质问苍天为什么要"歼我良人"。这是对当权者的谴责，也是对人殉制度的质询。

第二章悼惜仲行，第三章悼惜鍼虎，重章叠句，结构与首章一样。

据《左传·文公六年》记载："秦伯任好卒，以子车氏之三子奄息、仲行、鍼虎为殉，皆秦之良也。国人哀之，为之赋黄鸟。"

据《史记·秦本纪》记载："武公卒，葬雍平阳。初以人从死，从死者六十六人……缪公卒，葬雍，从死者百七十七人。秦之良臣子车氏三人名曰奄息、仲行、鍼虎，亦在从死之中。秦人哀之，为作歌黄鸟之诗。君子曰：'秦缪公广地益国，东服强晋，西霸戎夷，然不为诸侯盟主，亦宜哉。死而弃民，收其良臣而从死。且先王崩，尚犹遗德垂法，况夺之善人良臣百姓所哀者乎？是以知秦不能复东征也。'"如陕西凤翔雍城秦公一号大墓殉葬者多达182人。由此可见，殉葬制在秦国长期盛行。

秦国用活人殉葬始于秦武公，陕西凤翔发掘的秦景公墓，发现有一百多位殉葬者。

秦国是在公元前384年废除人殉制度的，据《史记·秦本纪》记载："献公元年，止从死。"实际并非如此，秦始皇死后，为之殉葬者人数之多，为历史罕见。秦二世下诏令说："先帝后宫非有子者，出焉不宜，皆令从死。"后宫嫔妃未生子女者一律殉葬，故从死者甚众。《史记·秦本纪》还说："葬既下，或言工匠为机，臧皆知之，臧重即泄。大事毕，已臧闭中羡，下外羡门，尽闭工匠臧者，无复出者。"为了不让工匠泄露墓中机密，便将他们置于死地，推测计秦始皇墓中为之殉葬者将以千计。

"从死"是具有鲜明秦文化特征的社会风俗，产生于嬴秦固有的与殷商相近的文化传统，与周文化中乐生、重视人自身价值的观念和西周的个人权利意识存在明显对立。因此，在"三良"从死这个事件上，使西周后裔表现出极大的困惑。"彼苍者天，歼我良人！如可赎兮，人百其身"这段话，反映了一种矛盾的心理。一方面，《秦风·黄鸟》的作者，也就是西周遗民无法接受"三良"从死的事实，并且深深感到惋惜、悲愤，以至于认为苍天杀害了好人。另一方面，作者把杀害"三良"的责任归于苍天，而没有归罪于秦穆公，也说明作者其实了解"三良"从死本来就是秦俗使然，并非秦穆公有意做出的不仁之举。"若可赎兮，人百其身"反映了作者对贤德之人的爱戴之情，"人百其身"求的是让三位"良人"得以复生，而绝非作者想让更多的人为秦穆公从死。这一点，或许是周文化中"敬德"思想在民间的一种体现，而与秦国的从死之俗有着本质的不同。同时，部分长期与西周遗民杂居，接受周文化乐生、敬德思想及个人权利意识的秦国人，也可能成为《黄鸟》诗的作者，从而使《秦风·黄鸟》在体现文化冲突的同时，也包含了文化融合的内容。①

三、追念父母

《小雅·蓼莪》是一首悼念父母双亲的诗篇。

蓼蓼者莪，匪莪伊蒿。哀哀父母，生我劬劳。

蓼蓼者莪，匪莪伊蔚。哀哀父母，生我劳瘁。

瓶之罄矣，维罍之耻。鲜民之生，不如死之久矣！

无父何怙？无母何恃？出则衔恤，入则靡至。

父兮生我，母兮鞠我。拊我畜我，长我育我，顾我复我，出入腹我。欲报之德。昊天罔极！

南山烈烈，飘风发发。民莫不穀，我独何害！

南山律律，飘风弗弗。民莫不穀，我独不卒！

该诗开篇用了《诗经》中常见的手法，以两种植物"莪""蒿"起兴和自比，前两章诗人说自己不成材，让父母失望，追念父母养育自己的辛劳，带有一种深深的自责感情。本想好好侍奉父母，可是现实却事与愿违，父母已经过世，诗人只能在诗中悲叹哀怨、自叹自恨，表达自己对父母的哀悼之情，感念父母对自己的恩德。

对这首诗的解释主要有两种：一是《毛诗序》："《蓼莪》，刺幽王也。民人劳苦，小子不得终养尔。"《笺》："不得终养者，二亲病亡之时，时在役所，不得见也。"二是方玉润《诗经原始》："此时为千古孝思绝作，尽人能识。唯《序》必牵及人民劳苦，以刺幽王，不惟愿涉牵强，即情

---

① 王鑫磊.《秦风·黄鸟》与周秦文化冲突探论[J].东方论丛，2009.

亦不真……又况言:民莫不,我独何害,我独不卒者,明明一己所遭不偶,与人民无关也。"这首诗的第三章用瓶比喻父母,以罍比喻自己,写自己因为要出征而远离父母,离开的时候心里就惴惴不安,回来后果然发现自己已经成了一个无依无靠、没有归宿的人。第四章是本诗中最为感人的部分,诗人连续运用了六个"我"字写出了父母生育自己、养育自己的艰辛以及对自己的慈爱,这些往事在诗人眼前一一浮现,更加突显诗人想要回报父母恩情而父母已经不在的切肤之痛,真实反映了诗人内心的痛苦。朱熹评说此诗:"言父母之恩如天,欲报之以德,而其恩之大如天无穷,不知所以为报也。"诗人用朴实却饱含真情的语言,用自己的亲身体验,为我们诠释了作为儿女要对父母尽孝的道理。诗的后两章描写了诗人在行役的路上饱经风霜,再次痛心哀悼没能赡养父母的遗憾。诗中没有直接说孝道是什么,却用最真挚的感情、最淳朴的语言给了我们一碗心灵鸡汤。

方玉润评此诗为"孝子痛不得终养也""千古孝思绝作",并分析此诗说:"中间二章,一写无亲之苦,一写育子之艰,备极沉痛,几于一字一泪,可抵一部《孝经》读。"[①] 可谓至情出至文,感人心者莫先乎情、莫深乎义。抚育子女义不容辞,赡养父母天经地义。

古代的丧礼重视的是对死去亲人的悼念之情,诗人为我们诠释的就是这样一种怀念亲人的真挚感情。

---

① 方玉润.诗经原始[M].北京:中华书局,1986.

第三节 燕饮

燕饮是亲朋欢聚时的燕饮活动。燕，通"宴"，意思是聚在一起吃饭。饮，意思是喝，特指喝酒。《礼记·礼运》曰："夫礼之初，始诸饮食。"周代礼仪最早起于人们的饮食活动，在宴会过程中免不了各种礼仪，也正是通过这些井然有序的宴会礼仪，周礼的精神得到了充分而完备的体现。周代飨礼和燕礼是两种不同规格的礼仪。根据周礼的规定，天子设宴为飨，反映天子燕饮的诗歌称为宴飨诗；燕礼适用于诸侯、卿、士等贵族之间，属于贵族日常生活礼仪。

《诗经》与陕西有关的诗歌中，燕饮诗的数量非常多，主要集中在《小雅》与《国风》中，有《小雅·常棣》《小雅·伐木》《小雅·鱼丽》《小雅·南有嘉鱼》《小雅·瓠叶》《小雅·车辖》等作品。这些燕饮诗中设宴人为普通贵族，内容以反映贵族日常燕饮活动为主，或赞颂主人的慷慨，或再现宴会上的礼节与丰盛菜肴，或表达宾客对主人热情款待的感激之情，或表现君子与贵族的嘉德和威仪。

《小雅·棠棣》是一首宴请兄弟的诗歌，以"凡今之人，莫如兄弟"为主题。《小雅·伐木》宴请的是亲友故交，表达了对老友、父舅和兄弟的深情厚谊。《小雅·鱼丽》是一首写贵族燕饮宾客的诗歌，但表现重点在燕饮时所用的鱼和酒，反映了贵族生活"物其多矣，维其嘉矣"

的奢华与丰富。《小雅·南有嘉鱼》与《小雅·鱼丽》性质相似，只是相较于后者的单纯写酒食之美，此诗还写了主宾燕饮的欢乐之情。《小雅·瓠叶》写贵族以好酒好肉宴请宾客，描绘了宴会时主宾推杯换盏尽兴尽情的场面。《小雅·车辖》是"燕乐新婚之诗"[①]，《国风》中不乏此类作品。《召南·羔羊》写大夫宴会后酒足饭饱、志得意满、大摇大摆下朝归家时的模样，暗含讽刺。《豳风·伐柯》是一首婚恋诗，也是一首婚宴诗，"我觏之子，笾豆有践"描写新娘在婚礼时熟练料理宴席的模样。

燕饮图

一、燕饮诗对周礼的再现

燕饮之礼是《诗经》中表现得最为普遍和具体的礼仪，许多燕饮

---

① 朱熹.诗集传[M].赵长征，点校.北京：中华书局，2017.

诗都直接或间接地表现了宴会时的各种礼仪。与燕饮之礼有关的礼仪有燕礼、射礼和祭祖礼，这里我们仅讲前两种，祭祖礼放在祭祀诗中详述。

献宾图

1.燕饮诗与燕礼

《小雅·伐木》中的"有酒湑我，无酒酤我。坎坎鼓我，蹲蹲舞我"，描写了亲朋好友之间燕饮的快乐场面。燕礼的仪节比较简单，有谋宾、迎宾、献宾、送宾四部分。

《大雅·行苇》中的"肆筵设席"，《小雅·伐木》中的"於粲洒扫，陈馈八簋""酾酒有藇。既有肥羜，以速诸父"等句，均可看作是对谋宾的具体描写。谋宾是燕饮的准备工作，小臣退朝时邀请宾客，膳宰准备酒食，乐人悬挂钟磬等，司宫设席、放酒器，司官负责打扫路寝及断蜡烛、供炉炭等杂事。在宴会前大扫除，是对宾客的尊重。《小雅·鹿鸣》中的"我有旨酒，以燕乐嘉宾之心"，描写的是准备工作就绪后，主人将要邀请宾客赴宴的欢乐心情。

《小雅·宾之初筵》中的"宾之初筵，左右秩秩""宾之初筵，温温其恭"，筵即"席"，这两句都是说主宾在入座开宴时，要谦让守礼，温文恭敬。迎宾是器具陈设完之后，君臣登堂就席，射人请宾确定宾客人选。纳宾、升宾时，君臣互相揖拜，秩序井然，态度严肃。《毛诗正义》有"宾初入门，登堂即席，其趋翔威仪甚审之，言不失礼也"[①]。可见在当时，

---

① 十三经注疏整理委员会.毛诗正义[M].北京：北京大学出版社，1999.

迎宾进寝门、登堂入席是一件非常严肃的事情，宾主行为必须严格按照礼的规范。

《小雅·瓠叶》中的"君子有酒，酌言献之……酌言酢之……酌言酬之"是对献宾之礼的再现，类似的描写还有《大雅·行苇》中的"或献或酢，洗爵奠斝。醓醢以荐，或燔或炙"，《小雅·楚茨》中的"为宾为客，献酬交错"等。献宾可分为三部分。第一部分是主人向宾客献酒，献酒所行的是一献之礼（因为要献酒三次，每次都要洗爵，又称三爵之礼）。一献之礼的第一步由主人取酒爵致客，此为"献"，之后膳宰将干肉、肉酱、折俎送到席上；接着宾客用酒回敬主人，此为"酢"；最后由主人把酒倒入觯或爵后，先自饮而后劝宾客饮，此为"酬"。献、酢、酬的过程中，饮酒的一方饮前都要祭酒。

"我有嘉宾，鼓瑟吹笙"（《小雅·鹿鸣》），"钟鼓既设,举酬逸逸"（《小雅·宾之初筵》），是对举行旅酬礼时主宾尽欢热闹场面的描写。行旅酬礼是献宾的第二部分，"旅酬"的意思是主人依次向众人酬酒。

旅酬礼结束后，射人请主人设立司正，由司正监察即将开始的燕饮仪法，主人表示同意后，一般由射人兼任司正。司正奉命留宾客安坐后，宴会还安排了射箭来娱乐宾客。燕射是燕礼的重要组成部分，此处暂且略过，留待下文详写。

《小雅·宾之初筵》中的"籥舞笙鼓,乐既和奏,烝衎烈祖,以洽百礼"，描写的是燕射之前、旅酬进行时表演舞蹈的场面。最后，行无算爵、无算乐，是指旅酬过后，宾主开始不记次数地酬酒、奏乐，纵情享乐的过程。从旅酬开始，奏乐时都有伴舞。旅酬开始时所伴歌舞只是礼节性的供人观赏，旅酬结束后则是主宾纵情歌舞的时刻。《礼仪·燕礼》所载"升歌《鹿鸣》，下管《新宫》，笙入三成，遂合乡乐；若舞，则《勺》"①，在《诗经》中可以得到印证。

《小雅·宾之初筵》曰："既醉而出，并受其福。醉而不出，是谓伐德。"燕饮的最后是送宾。入夜，烛影重重，明亮的烛光从阼阶（东阶）、西阶、庭中一直延伸到门外，宾客微醉，将各自桌上的干肉赏赐给敲钟的乐工，然后出门，卿、大夫随之退出，宴会到此结束，国君并不出门相送。在旅酬结束、司正受命时，主人说："无不醉？"众人回答："敢不醉？"这里的"醉"的程度，相当微妙。"既醉而出，并受其福。醉而不出，是谓伐德"就是讲在感到醉了时离开，主客托福无伤大雅，一旦在燕饮时喝到烂醉再离开，就是道德败坏了。由"饮酒孔嘉，维其令仪"可见，即使是醉，古人也要醉得合礼。

除此之外，《诗经》中还保留着一些"燕礼"之外的礼节，一是养老乞言，一是酬币、侑币。养老乞言就是主人在宴会上向德高望重的老者们请教，《小雅·宾之初筵》中有"凡此饮酒，或醉或否。既立之监，或佐之史……匪言勿言，匪由勿语"之语，马瑞辰在《毛诗传笺通释》解释为"古者饮酒，皆立之监，以防失礼。惟老者有乞言之典，更佐以史，少者则否，故云'或佐之史'。监以察仪，史以记言。下文……'匪言勿言，匪由勿语'，乞言于老者而勉以慎言之词也"。与养老乞言相对应的礼节有授几、设史（侍者）等敬老仪式，《大雅·行苇》中有"或肆之筵，或授之几"之语。燕礼有酬宾送酒之币，称酬币；飨礼、食礼有劝饱之币，称侑币；酬币、侑币都有劝食、助欢的作用。《小雅·鹿鸣》中有"吹笙鼓簧，承筐是将"之句，这里的"筐"就是酬币时所用的器物。《小雅·彤弓》中有"钟鼓既设，一朝右之"之句，其中的"右"同"侑"。

① 礼仪[M].彭林，译注.北京：中华书局，2012.

酬酒奏乐图

2. 燕饮诗与射礼

射礼是燕饮时的一个中间环节，分"乡射""大射""燕射""宾射"四种，礼仪节基本相同，规格略有差别。乡射在乡饮酒后举行，主要地点在乡学中，参与者多为乡大夫和士，有益于地方官发现和举荐人才。大射是高级的乡射礼，由天子和诸侯在参加祭祀前于大学中举行，大射礼在行礼时对天子有优待。燕射是大夫以上贵族宴会时举行的射礼，宾射与之类似。乡射和大射重在行礼和选拔人才，燕射和宾射则更多地表现出娱乐性质。

《大雅·行苇》中的"敦弓既坚，四镞既钧""敦弓既句，既挟四镞"，反映了射手箭在弦上、蓄势待发时的飒爽英姿。射礼在燕饮旅酬结束、立司正后开始，射礼的核心活动是三番射。在此之前要有开礼，即准备射器和选定三耦①。第一番射重在教练,首先由司射做射箭示范,然后命令射手做准备。射箭时有四根箭矢,三根插在腰间,一根用手扣在弦上,等待发射的命令。同类诗句还有《小雅·宾之初筵》中的"大侯既抗,弓矢斯张。射夫既同,献尔发功"。第一番射属于习射,虽然有报靶者,但是不统计射中的次数。《大雅·行苇》中的"舍矢既均,序宾以贤""四镞如树,序宾以不侮",就是说这位射手射中了靶心,四支箭矢立在靶子上像树一样挺直,虽然要按照胜负排位置,但是绝不能轻慢了负家。这种场景一般发生在射礼的第二番。第二番侧重比赛,参加者除了三耦之外,还有主人与宾、卿、大夫及士组成的合耦。这一次要根据每组射的成绩,按照胜负排定座次。《小雅·宾之初筵》中有"发彼有的,以祈尔爵""酌彼康爵,以奏尔时",是说按照规定排定座位后,胜者的弟子洗酒觯,罚负的一方喝酒。第三番射与第二番射的程序基本相同,射时有音乐伴奏,射手必须按照音乐的节奏准备和发射。"笾豆有楚,肴核维旅。酒既和旨,饮酒孔偕。钟鼓既设,举酬逸逸"(《小雅·宾之初筵》),正是万事俱备,只待一声令下了。三番射结束后,送宾礼仪与上同。

二、《诗经》燕饮诗所见周代宴会食物

《诗经》燕饮诗中出现的食物种类繁多,包括谷类、植物类、肉类和羹类。

燕饮诗中出现的谷类食物很多,有稻、黍、稷、荏菽等。比如,《小雅·楚茨》中的"我艺黍稷,我黍与与,我稷翼翼",《大雅·生民》中的"蓺艺之荏菽""麻麦幪幪""种之黄茂""维秬维秠"等诗句都提到

---

① 司射挑选六名弟子,分为三组,称为三耦(上耦、次耦、下耦),每耦有上射、下射各一名。

了谷物,"荏菽"即大豆,"秬"即黑黍,"秠"是黍的一种。另外,《大雅·生民》中还提到"糜",即红米。

植物类食物是当时人们主要的燕饮食物,包括蔬菜和瓜果。那时的蔬菜大都是野菜,比如《小雅·鹿鸣》中提到的"苹""蒿""芩"等都属于野菜。《小雅·瓠叶》中有"幡幡瓠叶,采之亨之"的诗句,瓠叶可食。《诗经》中并没有大量种植蔬菜的内容,这与当时人口较少及野生蔬菜众多、出产丰富有关,故而蔬菜种植业并不像粮食种植业那样发达。另外,瓜果之类的食物,有枣、榛、柿、瓜等。《大雅·生民》中的:"瓜瓞唪唪","瓞"指小瓜。这些瓜果大都是野生的,当时下层人民多以它们充饥。

燕饮诗中提到了很多肉类,有牛肉、羊肉、兔肉等。比如,《小雅·瓠叶》中"有兔斯首,炮之燔之"提到了兔肉,《大雅·行苇》中"或燔或炙",提到了羊肉,《小雅·伐木》中也提到了"肥牡""肥羜"。在当时,羊是主要的饲养家畜,羊肉味道非常鲜美,是人们喜爱的食物,在祭祀时常常把羊肉当作祭品。燕饮诗中还提到了肉酱,《大雅·行苇》中有"醓醢以荐"的诗句,"醓""醢"即肉酱。除此之外,《大雅·行苇》中还提到了"脾""臄","脾"指牛胃,"臄"指牛舌,一说是牛的口腔肉。鱼是燕饮诗中常出现的食物,在《小雅·南有嘉鱼》中就提到了君子燕饮宾客用的食物是嘉鱼,还交代了捕鱼的工具"罩""汕"等。《小雅·鱼丽》则提到了全国鲿鲨、鲨、鲂、鲤等鱼类。这些鱼都是味道精美之物,《小雅·鱼丽》为我们展现了一场鱼的盛宴。

羹是周人非常重要的食物之一。《左传·隐公元年》载颍考叔云:"小人有母,未尝君之羹,请以遗之。"《礼记·乡饮酒礼》载:"羹定,主人速宾。"可见羹是待客的主要食物之一,燕礼上也必有羹。羹是怎样制作的呢?《左传·昭公二十年》载齐晏婴曰:"和如羹焉,水、火、酸、盐、梅,以烹鱼肉。燀之以薪,宰夫和之,齐之以味,济其不及,以泄其过。

君子食之，以平其心。"制羹，少不了醋、肉酱、盐、梅、鱼、肉等辅料，水是必不可少的。用柴火烧煮，厨工加以调和，使味道适中，味太淡就增加调料，味太浓就加水冲淡。晏婴这番话尽数做羹技巧，由此可以肯定羹是煮制的。

酒是燕饮时必不可少的饮品，《诗经》燕饮诗中经常提到酒，并且出现不同种类的酒。《小雅·鹿鸣》曰："我有旨酒，以燕乐嘉宾之心。"《周颂·丝衣》曰："旨酒丝柔。"其中提到的"旨酒"，指的是上等酒、醇美的酒，说这种酒"丝柔"，当为入口不辣之意。后来，"旨酒"成了美酒的代称，在诗文中经常出现。在这里，主人用上等酒来燕饮宾客，可见主人的诚意与热情。另外，《小雅·伐木》中有"酾酒有衍"的诗句，"酾酒"在这里指滤过的酒，也是一种上等酒。《小雅·南有嘉鱼》曰："君子有酒，嘉宾式燕以乐。"其中的"酒"指美酒。另外，在《小雅·信南山》中有"祭以清酒，从以骍牡，享于祖考"的诗句，"清酒"指古代祭祀用的陈酒，这种酒是过滤过的，味道比较清醇。清酒是相对于浊酒而言的，浊酒指未过滤的酒。在当时，身份高贵的人大都饮清酒，浊酒则为下层人们所饮用。当时人们大都用清酒来祭祀，可见他们把祭祀看得很重要。燕饮诗中还提到了滤酒的过程称为"湑"，在《小雅·伐木》中就有"迨我暇矣，饮此湑矣"的诗句。在《大雅·行苇》中有"酒醴维醹"的诗句，"醹"是酒名，指醇厚的酒。可见，《诗经》燕饮诗中提到的酒类是很多的。

三、《诗经》燕饮诗所见周代燕饮器具

说到酒和食物，当然要提到盛放这些东西的器具了，《诗经》中出现的燕饮器具可以说是多种多样的，主要有食器和酒器。

1. 食器。《诗经》燕饮诗中出现的食器很多，比如鼎、笾、豆、登、

豆

鼎

簋

房等。《小雅·伐木》中"笾豆有践",《大雅·生民》中"于豆于登"均有记载。"豆"是古代一种主要的盛食器,主要有木制和陶制两种,到了周代后期已有青铜豆出现,形状酷似高足盘,用来盛肉食。"笾"形状像豆,是祭祀或宴会时用来盛果品或干肉的竹器。"鼎"是古代炊具,相当于现在的锅,用来煮或盛放鱼肉,形状大多是圆腹、两耳、三足,也有四足的方鼎和圆形、方形的扁足鼎、分裆鼎等。鼎还是祭祀时盛放熟牲的器具,大鼎称镬,小鼎称鼒,在《周颂·丝衣》中都有提及,其诗曰:"鼐鼎及鼒"。"登"形状似豆,陶制,是一种盛放腌菜、肉酱的食器。"房"指盛大块肉的食器。另外,《小雅·伐木》中的"陈馈八簋","簋"是古代常见的一种盛食器,相当于现在的大碗,用来盛放煮熟的食物。簋的形状不一,有三足、四足、五足等,刚开始是陶制,后来出现青铜制。

2.酒器。《诗经》燕饮诗中出现的酒器相比于食器更加丰富,有爵、兕、斝、罍、觥等。比如,《小雅·宾之初筵》曰:"发彼有的,以祈尔爵。""爵"是一种用于饮酒的三足器皿,以不同的配套形状显示使用者的身份,可以用来温酒和盛酒。《大雅·行苇》中的"洗爵奠斝",也提到了"爵"这种酒器。

33

"斝"是一种温酒器，大多是用青铜制成，圆口、三足；商汤打败夏桀之后，将其定为御用酒杯。此外，《大雅·泂酌》曰："泂酌彼行潦，挹彼注兹，可以濯罍。""罍"是古代一种盛酒的容器，小口、广肩、深腹、圈足、有盖，多用青铜或陶制成。另外，《周颂·丝衣》曰："鼐鼎及鼒，兕觥其觩。""兕觥"是古代一种盛酒器或饮酒器，可用来温酒，圈足或四足，盖做成兽的形状。

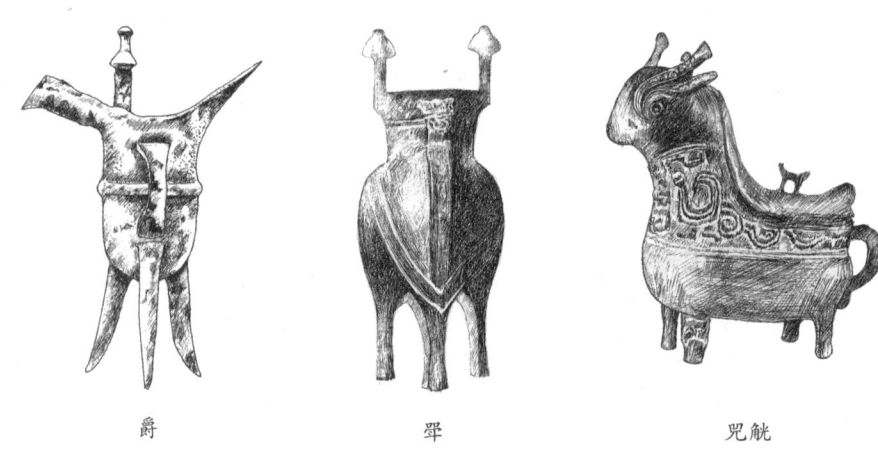

爵　　　　　　　斝　　　　　　　兕觥

四、《诗经》燕饮诗中食物的烹饪与保存之法

面对丰富的食材，人们烹制和保存食物的方法也是多种多样的。当时主要的烹饪方法有烹、炮、燔、炙等，可以看出当时人们已经从茹毛饮血的时代走向饮食的文明时代了。

首先是烹，即煮。《小雅·瓠叶》中提到当时人们对瓠叶的做法是"采之亨之"，《小雅·楚茨》中也有"或剥或亨，或肆或将"的诗句。

其次是炮、燔、炙。《小雅·瓠叶》曰："有兔斯首，炮之燔之""有兔斯首，燔之炙之"。《小雅·楚茨》曰："为俎孔硕，或燔或炙。""炮"是指用烂泥涂裹食物在火中煨烤。"燔"是指把食物直接投入火中烧烤。"炙"指用东西把食物穿起来放在火上烤。

蒸也是当时主要的烹饪方法之一。《大雅·生民》曰："烝之浮浮。""烝"即"蒸"，指把食物放入器皿中，利用水蒸气把食物做熟的过程。可见，当时人们加工食物的方式是很讲究的。

　　除了烹饪方法之外，当时人们对食物的保存之法也很特别，最主要的保存方法是把食物晒干。这样不仅可以有效地保存食物，也可使食物的味道保持鲜美。在当今社会，这种方法仍然被广泛地使用，比如我国南方的腊肉就是用这种方法制作而成。在《大雅·凫鹥》中有"尔肴伊脯"的诗句，"伊脯"在这里就是干肉的意思。另外，在当时没有冰箱的情况下，人们把食物埋在阴凉处用来保持食物新鲜。

第四节 田猎

田猎是周代社会文化活动中极为活跃的形式,从周代田猎文化的角度考证便会发现《诗经》中的田猎诗不仅在文学艺术上取得了极高的成就,也生动形象地反映了周人的经济生活、政治文化生活和审美心理。

一、田猎诗

田猎即打猎。《诗经》中以田猎活动为主要内容的诗歌共 9 首,其中与陕西地区有关的有 5 首,分别是《周南·兔罝》《召南·驺虞》《秦

田猎图

风·驷驖》《小雅·车攻》《小雅·吉日》。在这5首诗中,与周宣王有关的田猎诗有《小雅·车攻》《小雅·吉日》,与秦襄公有关的田猎诗是《秦风·驷驖》,记述的是秦襄公护送周平王东迁受封为诸侯后的一次田猎活动,用短短三章写出了秦君出猎、射猎、猎后的风光场面,赞美了秦襄公的高贵勇敢。《周南·兔罝》《召南·驺虞》是两首有关武士、兽官的诗歌。《周南·兔罝》与古人田猎、习战的习俗有关,作者通过猎手的矫健与勇猛,赞美了这些捍卫国家的"赳赳武夫",从侧面反映了武士阶层怀才待贾的心理状态。《召南·驺虞》描写了一位掌管天子狩场的兽官在春蒐时为周王献兽的情形。陕西地区田猎诗之所以比其他地区的田猎诗多,既与周人重视武德有关,也与秦地地处西北边陲,多战争徭役,民风剽悍有关。

二、田猎诗是周代狩猎习俗的反映

周代的军队由"国人"组成,不是常设的职业兵,带有亦兵亦农的性质,国家定期组织军事训练,而这些军训与四时狩猎是同步的。田猎活动按照季节可以分为春蒐、夏苗、秋狝、冬狩。

1. 四时田猎

《小雅·吉日》中的"吉日维戊,既伯既祷。田车既好,四牡孔阜",描写周宣王春季猎于西都,参加常规性的岁典活动——春蒐,与群臣共享田猎的快乐。春蒐即春季田猎。据《周礼·地官司徒·大司徒》记载,仲春时节由大司马组织教民众习战,学习坐下、起立等进退动作和作战方法,接着便让他们进行田猎,以达到在实战中训练的目的。春天草木茂盛,狩猎前要先用大火焚烧猎场的野草,驱逐野兽,然后祭祀军神、警戒,击鼓之后开始围猎,最后大火停止,田猎结束,进献所获猎物祭祀社神。

《小雅·车攻》中的"之子于苗,选徒嚣嚣",反映了周宣王此次狩猎的时间为夏季。仲夏教民众在野地里宿营,学习布阵、选择车辆和兵众配合练习、辨认各种徽识等,接着便进行夏季田猎,此即夏苗。夏季田猎之法与春季田猎之法相同,等到车辆停止追逐野兽,田猎结束,开始进献猎物祭祀宗庙。

仲秋教民众演习作战,辨别各种旌旗的用途,接着进行秋季田猎,秋狝与春蒐、夏苗之法相同。停止用网捕野兽,田猎结束,集中猎物开始祭祀四方之神。

仲冬教民众大检阅之礼,接着进行冬狩,捕获的大兽交给公家,小兽留给自己,割去兽的左耳计功。到达猎场的边界处就停下来,在鼓声与欢呼声中,民众停止田猎,集中所捕获的兽物在国郊祭祀四方之神,进入国都则进献所获的兽物祭祀宗庙。

通过以上叙述可见,每一次田猎其实都是一次军事演习。不仅如此,周时田猎更是为了农田开垦,通过用火焚烧山林,开辟荒地,增加可耕地面积。火田的时间,大体从冬末开始,一直持续到春天。四时田猎的主要目的是"为田除害",清除农业生产中的不利因素,确保农田丰收。因而,四时行猎在本质上是一种诞生于农业社会的农业祭礼,"田"必须遵守田猎之礼,符合礼的规范。

2. 田猎之礼

《召南·驺虞》曰:"彼茁者葭,壹发五豝,于嗟乎驺虞! 彼茁者蓬,壹发五豵,于嗟乎驺虞!"这是一首赞美猎人高超射猎本领的诗歌。这位猎者是一位掌管天子猎场的兽官,在春猎过程中射杀野猪时,以"彼茁者葭,壹发五豝"的高超技艺引起了大家"于嗟乎驺虞"的感叹。他所射杀的野兽奉献给了天子或诸侯,这既是他的义务,也是他的责任。《礼记·王制》有言"天子诸侯无事，则岁三田"[1]，规定如果没有战争、凶丧等事件，天子、诸侯每年就要举行三次狩猎，没有特殊事件却不狩猎就是不敬。狩猎的目的一是为了准备祭祀用的供品，二是为了准备招待宾客的菜品，这一职责一般由兽人掌管。《周礼·天官冢宰》规定，兽人的职责是"掌罟田兽，辩其名物，冬献狼，夏献麋，春秋献兽物"[2]。在春夏秋冬四季田猎时，兽人负责看守网中的猎物，防止其逃跑。等到田猎结束，兽人号令大家把捕获的野兽放在平地上，遇到祭祀、丧祭、招待宾客这类事情，就供给他们所需要的死兽和活兽。《小雅·车攻》中所说的"徒御不惊，大庖不盈"，即狩猎的第三个作用是为了充实天子、诸侯的厨房。

在周人的意识中，狩猎不遵循相关的礼仪，就是戕害天下的生物。天子狩猎不能采取四面合围的方式，诸侯狩猎不能对成群的猎物赶尽杀绝。天子猎获时放下指挥的大旗，诸侯放小旗，大夫就停下助猎的佐车，佐车停下后，百姓可以开始田猎。等到孟春，水獭将捕获的鱼陈列到岸边时，虞人可以进入水中捕鱼；到了仲秋八月，可以设网捕鸟；到了季秋九月，豺狼集体围猎后，就可以狩猎了；草木凋零后，可以进入山林砍伐树木。昆虫没有进入冬眠，不能放火烧草捕杀兽物，不捕幼兽，不取鸟卵，不杀怀胎的母兽，不毁坏鸟巢。这些对打猎时间、方式的限制，在今天看来仍然十分科学，其中对自然的维护与尊重，值得我们每一个人学习。

3. 田猎工具

（1）网捕

《周南·兔罝》中的"肃肃兔罝，椓之丁丁……肃肃兔罝，施于中逵……肃肃兔罝，施于中林"，《王风·兔爰》中的"有兔爰爰，雉离于罗……

---

[1] 礼记·孝经 [M]. 胡平生，陈美兰，译注. 北京：中华书局，2016.
[2] 周礼 [M]. 徐正英，常佩雨，译注. 北京：中华书局，2017.

有兔爰爰,雉离于罦……有兔爰爰,雉离于罿",《小雅·鸳鸯》中的"鸳鸯于飞,毕之罗之",这些诗句中的"罝""罗""罦""罿"等字,不难看出与网捕有关。《尔雅·释器》曰:"鸟罟谓之罗,兔罟谓之罝,麋罟谓之罞,彘罟谓之羉,鱼罟谓之罛。繴谓之罿,罿,罬也。罬谓之罦,罦,覆车也"[①]。

(2)射猎

《小雅·采绿》曰:"之子于狩,言韔其弓。之子于钓,言纶之绳。""韔"意为将弓装进弓囊。《小雅·吉日》曰:"既张我弓,既挟我矢。"射乃古代田猎常用方式,弓箭利于携带,使用灵活,攻击范围大,非常适合狩猎使用。《小雅·车攻》中的"决拾既佽,弓矢既调"等众多诗句,都反映了古时田猎以射为主要手段的狩猎方式。

(3)犬逐

"狩"字从犬,可以推测出周人狩猎时常带猎犬。《小雅·巧言》曰:"跃跃毚兔,遇犬获之。"用猎犬捕捉兔子来形容小人难逃君子的法眼。

(4)火焚

焚林而田是一种较为原始的方法。大火既可以将猎物烧死或驱赶到一起,也可以将燃烧的火把用作照明。焚林是一种讲求实际、高效率的操作方法。

(5)设置陷阱

设置陷阱捕狩出现的时间比较早,在《诗经》中没有专门记载。

4. 田猎中的交通方式

"东有甫草,驾言行狩"(《小雅·车攻》)、"田车既好,四牡孔阜"(《小雅·吉日》)等记录了驾车田猎的场景。周代主要有两种交通方式,一

---

① 胡奇光,方环海. 尔雅译注[M]. 上海:上海古籍出版, 2012.

是车驾，一是徒步。无论在日常生活还是战争中，车都是一种重要的交通工具。商代是两马驾车，发展到西周成为四马驾车，所谓"四牡庞庞，驾言徂东"（《小雅·车攻》）。对于车的重视，自然而然导致了马在周人生活中的特殊地位。

"吉日庚午，既差我马"（《小雅·吉日》），"差"是选择的意思。《周礼·夏官司马·校人》曰："校人掌王马之政。辨六马之属，种马一物，戎马一物，齐马一物，道马一物，田马一物，驽马一物。凡颁良马而养。乘之，乘马一师，四圉；三乘为皂，皂一趣马；三皂为系，系一驭夫；六系为厩，厩一仆夫；六厩成校，校有左右；驽马三良马之数，丽马一圉，八丽一师，八师一趣马，八趣马一驭夫。天子十有二闲，马六种；邦国六闲，马四种；家四闲，马二种。凡马，特居四之一，春祭马祖，执驹；夏祭先牧，颁马，攻特；秋祭马社，臧仆；冬祭马步，献马讲驭夫。凡大祭祀、朝觐、会同，毛马而颁之，饰币马，执扑而从之。凡宾客，受其币马。大丧，饰遣车之马。及葬，埋之。田猎，则帅驱逆之车。凡将事于四海山川，则饰黄驹。凡国之使者，共其币马，凡军事，物马而颁之，等驭夫之禄，宫中之稍食。"校人掌管马的事务，并将马分为种马、戎马、道马、田马、驽马六种。

徒步相对于车猎较为少见。《小雅·小旻》中的"不敢暴虎，不敢冯河"，"暴虎"意为不乘车徒步搏虎，用在本诗中是说周幽王重用奸邪是比徒步搏虎还要危险的事情。

周代田猎文化之所以丰富，是因为当时的农业经济还不发达，在生产力极低的情况下，田猎是人们获取衣食的重要方式，可以说田猎活动产生的原发性土壤来自远古社会和上古社会中的经济生活。周人的狩猎活动表现在多个方面，有祭祀、经济、政治、军事等，这反映了周人对田猎、祭祀的重视和他们强烈的尚武精神。正确地认识和理解田猎诗，有助于对周代民俗有更深刻、更全面的认识。

第二章

蒹葭苍苍　白露为霜——植物

孔子曰:"诗可以兴,可以观,可以群,可以怨。迩之事父,远之事君,多识于鸟兽草木之名。"①据台湾学者潘富俊统计,"属于植物的字辞在《诗经》中共一六零类,除十类为植物泛称外,其余一五零类专指特定植物,或非特定的一种植物。"②草木是人赖以生存的一部分,诗人将其作为物质与情感联系的纽带而赋予其灵性,或者反映原始先民的生产生活和风俗习惯,或者象征国运与族运的兴盛衰亡,或者体现原始先民的审美意识,或者以赞美草木的丰茂来体现生命力的旺盛、感受生命的绵延和韵律,或者以其作为心理感应的媒介,赋予内心所知所想所念,寄托情思与敬意,使其具有灵性和人的情怀。

《诗经》中涉及陕西地区的植物主要集中在《国风·秦风》《国风·豳风》《大雅》中,具体诗篇分别是《秦风·车邻》《秦风·蒹葭》《秦风·终南》《秦风·黄鸟》《秦风·晨风》《豳风·七月》《大雅·生民》《大雅·绵》《大雅·皇矣》《周南·关雎》,共10篇。

---

① 杨伯峻.论语译注[M].北京:中华书局,1980.
② 潘富俊.诗经植物图鉴[M].上海:上海书店出版社,2003.

第一节 植物书写的意义

一、植物书写的文学意义

《诗经》诞生的时代，植物与人们的衣、食、住、行等日常生活的关系密不可分，周人发现植物与人类生活有相通之处，于是植物成为人们寄托情感的载体。《诗经》中的植物在自然界中随处可见，在诗中具有传"情"达"意"的功能。《卫风·淇奥》中的"瞻彼淇奥，绿竹猗猗"，以繁茂的翠竹比喻君子的美德。《周南·桃夭》中的"桃之夭夭，有蕡其实。之子于归，宜其家室"，以桃树果实累累为喻，祝福新娘多子多福。植物作为主体抒情意象起兴，是《诗经》最具特色的艺术方式。正如袁行霈所说："统观中国诗歌，自然界的意象占据显著的地位，而且其意蕴不断丰富，这是中国诗歌艺术的又一奥妙……中国诗歌艺术的发展，从一个侧面来看，就是自然景物不断意象化的过程。"①《诗经》中植物的比兴将作为"物象"引起诗人情感的植物与作为"心象"的诗人情感二者水乳交融。扬之水在《诗经名物新证》中说：

"诗中其实没有对物的纯粹的欣赏，诗写山川风物，也并没有一种'无我之境'，山水草木、鸟兽虫鱼，'物色之动，心亦摇焉'（《文心雕龙·物色》）。物象，有时候是渲染出来的气氛，有时候则浸浸

---

① 袁行霈.中国诗歌艺术研究[M].北京：北京大学出版社，1996.

如一片色泽，有时却只是这一点、那一点四处跳荡的光和影，总由一线诗思贯穿，成为一幅心的图画。总之，诗之'为物也多姿'，而由这多姿之物展示出一个纷繁的世界，更由这可见之纷繁而传达出一个可会可感、深微丰美的心之世界。'物象'，归根结底表达的是'心象'。而诗所特别具有的深致、委婉、温柔敦厚的品质，诗之伸缩包容、几乎具有无限潜能与张力的语言，正是由'物象'与'心象'的交织与混融来成就的。"①

"物象"经过诗人的审美筛选，融入诗人的人格与趣味，形成诗歌的"意象"。《楚辞》继承并发展了《诗经》的比兴传统，尤其是屈原的"香草美人"意象，构成了一个象征比喻系统。例如《九歌·湘夫人》中的"沅有芷兮澧有兰，思公子兮未敢言"，用"芷"与"兰"两种香草起兴，表达了湘夫人的美好。《文心雕龙·物色》有言："春秋代序，阴阳惨舒，物色之动，心亦摇焉……是以诗人感物，联类不穷。流连万象之际，沉吟视听之区。写气图貌，既随物以宛转；属采附声，亦与心而徘徊。"②到了唐代，"意象"之外逐渐形成"意境"之说，由王昌龄最早提出。"意境"是情景融合的产物，是一种由景而引发的无形的、虚幻的艺术想象空间，表达出难以言传的情韵和朦胧美。在此基础上，司空图提出"象外之象，景外之景""韵外之致"之说，强调艺术意境所具有的含蓄不尽的特点，意境的创造是主体与客体、理性与感性、思想与形象的融合化合。清末民初，王国维集前人理论之大成，提出"有我之境""无我之境"，"意境"理论得到进一步认识与发展。《诗经》是人类社会的早期作品，在名物书写的基础上逐渐形成、完善"意象说"和"意境说"，滋养着后世文学的发展。

---

① 扬之水.诗经名物新证[M].天津：天津教育出版社，2007.
② 周振甫.文心雕龙注释[M].北京：人民文学出版社，1981.

二、植物书写的史学意义

1. 植物与周族历史

无论是据史料记载，还是出土文物考据，都可得知周族有着悠久的农业历史，周始祖后稷是治农方家。《大雅·生民》曰："诞后稷之穑，有相之道。茀厥丰草，种之黄茂。实方实苞，实种实襃，实发实秀，实坚实好，实颖实粟，即有邰家室。"赞颂了后稷以农业起家，重视植物自然生长周期，为周族发展奠定基础的事迹。到了周王朝奠基人古公亶父，自豳迁居岐下，定居周原，复修公刘重视农业生产的传统，使周族部落有了进一步发展。《史记·周本纪》对此有较为详细的记载：

"周后稷名弃，其母有邰氏女，曰姜原……帝尧闻之，举弃为农师……帝舜曰：'弃，黎民始饥，尔后稷播时百谷'。封弃于邰，号曰后稷，别姓姬氏……后稷卒，子不窋立……不窋卒，子鞠立。鞠卒，子公刘立。公刘虽在戎狄之间，复修后稷之业……务耕种，行地宜，自漆、沮度渭，取材用……周道之兴自此始，故诗人歌乐思其德。公刘卒，子庆节立，国于豳……公叔祖类卒，子古公亶父立，古公亶父复修后稷、公刘之业……国人皆戴之。薰育戎狄攻之……乃与私属遂去豳渡漆、沮，逾梁山，止于岐下，及他旁国闻古公仁，亦多归之。"①

文学作品与历史文献相结合可以看出，整个周族在豳地种桑养蚕、播谷种豆，大力发展农业和种植业，为日后的崛起奠定了良好基础。《大雅·绵》中的"古公亶父，陶复陶穴，未有家室"，就是为纪念古公亶父开疆创业的事迹而作。

---

① 司马迁. 史记[M]. 北京：中华书局，2011.

周族历史上最著名的人物莫过于周公，《诗经》中关于他的诗篇流传最广、接受程度最高的是《豳风》七篇。朱熹和陆德明分别阐述：

"豳，国名。在《禹贡》雍州岐山之北，原隰之野……武王崩，成王立，年幼不能莅阼，周公旦以冢宰辅政，乃述后稷、公刘之化，作诗一篇以戒成王，谓之《豳风》。而后人又取周公所作，及凡为周公而作之诗以附焉。"①

"豳者，戎狄之地名也。夏道衰，后稷之曾孙公刘自邰而出居焉。其封域在雍州岐山之北，原隰之野，于汉属右扶风郇邑。周公遭流言之难，居东都，思公刘、大王为豳公，忧劳民事，以比叙己志而作《七月》《鸱鸮》之诗。成王悟而迎之，以致太平，故大师述其诗为豳国之风焉。"②

从《豳风》七首诗歌的内容来看，《七月》描写了豳地人民一年四季辛勤劳作的生活，"春日迟迟，采蘩祁祁""六月食郁及薁，七月烹葵及菽。八月剥枣，十月获稻"，周公以此勉励周成王；《东山》《破斧》以周公东征为历史背景；《鸱鸮》是周公为周成王表明忠心而作；《九罭》《狼跋》《伐柯》三首诗歌赞颂周公陷入管蔡二叔的流言蜚语中，仍临危不乱地巩固西周政权，得到人民的拥护。因此，这七首诗归于《豳风》一组，反映了豳地人民对农桑稼穑的重视，以及西周初年为稳固政权所做出的艰苦卓绝的努力。

2. 植物与秦国历史

与周王朝建立的同一时期，即公元前十一世纪，秦人祖先嬴姓氏族在西周边陲、渭河流域以游牧为生。随着周王室衰微，西北戎狄部族威胁其统治，由于秦人善养马，周孝王才封秦为"附庸"，并允许秦建立城邑，

---

① 朱熹.诗集传[M].赵长征,点校.北京：中华书局，2017.
② 十三经注疏整理委员会.毛诗正义[M].北京：北京大学出版社，1999.

用以对戎作战。嬴氏自此获得政治身份,登上历史舞台。公元前771年,秦襄公出兵护送周平王东迁有功,岐山以西之地被赐予秦,封秦襄公为诸侯,曰:"戎无道,侵夺我岐丰之地,秦能攻逐之,即有其地。"①公元前677年,秦德公迁都雍城,即今宝鸡市凤翔县,直到秦穆公称霸西戎,周在陕西境内的土地,泾渭流域沃野千里,大都归秦所有。"豳风"之"豳"逐渐消失,被"秦风"之"秦"所取代。《汉书·地理志》曰:

"秦地,于天官东井、舆鬼之分野也。其界自弘农故关以西,京兆、扶风、冯翊、北地、上郡、西河、安定、天水、陇西……故秦地于《禹贡》时跨雍梁二州,诗风兼秦豳两国。昔后稷封斄,公刘处豳,太王徙岐,文王作丰,武王治镐,其民有先王遗风,好稼穑,务本业,故《豳诗》言农桑衣食之本甚备。有鄠、杜竹林,南山檀柘,号称陆海,为九州膏腴。始皇之初,郑国穿渠,引泾水溉田,沃野千里,民以富饶。"②

从春秋开始至西汉末年是一个温暖期,气候较现在更加湿润,关陇一带自然环境优美、物产富饶。《秦风》中的植物书写,主要集中在《车邻》《蒹葭》《终南》《黄鸟》《晨风》五篇。《秦风·车邻》"美秦仲也。秦仲始大,有车马礼乐侍御之好焉"③,反映秦国自秦仲开始发展壮大。《秦风·终南》"戒襄公也。能取周地,始为诸侯,受显服,大夫美之,故作是诗以戒劝之"④,反映秦襄公荣封而归,途经周故地终南山时的情景。"终南何有?有条有梅""终南何有?有纪有堂",以根深叶茂的林木衬托秦襄公的威仪。《黄鸟》篇"哀'三良'也。国人刺穆公以人从死,而作是诗也"⑤,讲述了秦穆公逝世后秦国由盛转衰,而秦穆公以良臣殉

---

① 司马迁.史记[M].北京:中华书局,2011.
② 班固.汉书[M].颜师古,注.北京:中华书局,2000.
③ 十三经注疏整理委员会.毛诗正义[M].北京:北京大学出版社,1999.
④ 十三经注疏整理委员会.毛诗正义[M].北京:北京大学出版社,1999.
⑤ 十三经注疏整理委员会.毛诗正义[M].北京:北京大学出版社,1999.

葬的史实。叫声充满哀伤的黄鸟止于棘、止于桑、止于楚,"棘"之言"急","桑"之言"丧","楚"之言"痛楚",渲染出一种紧迫、悲哀、凄苦的氛围,表现了秦人对此无比哀悼和痛惜的心情。《秦风·晨风》篇"刺康公也。忘穆公之业,始弃其贤臣焉"①,另有解释这是一首女子担心被男子抛弃而作的诗。"山有……隰有……",在此用以比照事物得其所哉。鸟倦知返,尚可归巢,唯自己无所适从,内心充满惆怅与凄凉。

纵观《秦风》十篇,勾勒了秦国开创、发展、强盛、衰落的全过程。朱熹《诗集传》评曰:

"秦人之俗,大抵尚气概,先勇力,忘生轻死,故其见于诗如此。然本其初而论之,岐丰之地,文王用之以兴二南之化,如彼其忠且厚也。秦人用之未几,而一变其俗至于如此,则已悍然有招八州,而朝同列之气矣。何哉?雍州土厚水深,其民厚重质直,无郑、卫骄惰浮靡之习,以善导之,则易以兴起,而笃于仁义,以勇驱之,则其强毅果敢之资,亦足以强兵力农而成富强之业,非山东诸国所及也。"②

优越的自然条件,淳厚质朴的民风,以及自上而下君民同心同德,天时、地利、人和成就了大秦帝国霸业。

---

① 十三经注疏整理委员会. 毛诗正义[M]. 北京:北京大学出版社,1999.
② 朱熹. 诗集传[M]. 赵长征,点校. 北京:中华书局,2017.

 **第二节 植物意象的文化内涵**

一、植物意象与比兴——以《秦风·蒹葭》为例

《秦风·蒹葭》曰:"蒹葭苍苍,白露为霜。"《诗经》中与蒹葭同种属的还有萑、苇。《豳风·七月》曰:"七月流火,八月萑苇。"《卫风·硕人》曰:"葭菼揭揭。"《毛传》曰:"蒹,薕。葭,芦。"陆玑撰《毛诗草木鸟兽虫鱼疏》(下文简称陆玑《疏》)曰:"蒹,水草也,坚实,牛食之令牛肥强,青、徐州人谓之薕,兖州、辽东通语也。葭,一名芦菼,一名蒹。蒹或谓之荻,至秋坚成,则谓之萑。其初生三月中,其心挺出,其下本大如箸,上锐而细,扬州人谓之马尾,以今语验之,则芦、蒹别草也。"① 郭璞注《尔雅》曰(下文简称郭璞《注》)曰:"葭,华。即今芦也。蒹,薕。似萑而细,高数尺,江东呼为蒹。葭,芦苇也。菼,蒹。似萑而小,实中,江东呼为乌蓲。"② 苏颂《图经本草》(下文简称苏颂《图经》)曰:"苇即芦之成者。蒹似苇而小中实。蒹者或谓之荻,荻至秋坚成,即谓之萑。所谓薕,今作蒹者是也。所谓菼,人以当薪爨者是也。又北人以苇与芦为二物,水旁下湿所生者,皆名苇;其细不及指,人家池圃所植者,为芦。其秆差大,深碧色者,谓之碧芦,亦难得。然则本草所

---

① 陆玑. 毛诗草木鸟兽虫鱼疏[M]. 北京:中华书局,1985.
② 尔雅[M]. 郭璞,注. 北京:中华书局,1985.

用芦，今北地谓苇者，皆可通用也。"①

蒹葭即芦苇，是一种生长于河滩、沼泽等湿地的多年生草本植物，也是我国北方地区最常见的一种水边植物。根茎十分发达，繁殖能力强，成片生长。秋季时，茎顶抽大花穗，有白毛。芦苇是一种极普通又常见的植物，花、茎、根、叶均可入药。花可解毒止血，治疗鼻衄、血崩、上吐下泻；茎和根能清热生津，除烦止呕，利尿；叶可治疗发背溃烂。此外，芦苇可以调节气候，涵养水源，所形成的湿地为鸟类提供繁殖之所，亦可以加固堤防，还可在早春用来畜牧。生活方面，芦苇可用来做席、帽等物品，并编制"苇席"铺炕、盖房或搭建临时建筑。

蒹葭

《诗经》善用比兴，体现了托物寓意的思维，达到了物我相融、情境相融的主客观统一的境界。《秦风·蒹葭》是这方面的代表作品，也是《诗经》中最著名、流传最广的诗歌之一。王国维在《人间词话》中评价《秦风·蒹葭》："《诗·蒹葭》一篇，最得风人深致。"②秦国地处西戎，长期经受战争洗礼，受西北少数民族的影响，秦人性情质朴率直、坚强

---

① 苏颂.本草图经[M].尚志钧，校.北京：学苑出版社，2007.
② 王国维.人间词话[M].上海：上海古籍出版社，1998.

彪悍，《诗经·秦风》中的篇章主要描述的是战争，正体现了秦人尚武的性格，诗中多尚武精神、杀伐之音，风格豪放粗犷、慷慨激昂、刚毅健朗。《秦风·蒹葭》却一反其道，意境缥缈，委婉含蓄，颇有南国风韵。因此，方玉润评价《秦风·蒹葭》："此诗在《秦风》中，气味绝不相类，以好战斗乐之邦，忽遇高超远举之作，可谓鹤立鸡群，悠然自异者矣。"①其实，从秦地的自然地域看，属于暖温带半湿润大陆性季风气候，四季分明，河流密布，水源充足，植物资源丰富，气候相较于现在更加温暖湿润，这样的环境为《秦风·蒹葭》描写的悠然意境创造了客观的地理条件。

《秦风·蒹葭》全诗三章皆以蒹葭、白露始，"蒹葭苍苍，白露为霜""蒹葭凄凄，白露未晞""蒹葭采采，白露未已"，道出诗歌的时间和地点。深秋时节，天刚破晓，河边丛生的苍苍芦苇，叶片上还残留着露水凝结形成的晶莹透亮的霜花。由此引出诗歌的主旨，即诗人追求的、渴慕的、在水一方的"伊人"。诗人时而逆流而上，时而顺流而下，时而沿着水道苦苦追求，却被烟波浩渺的茫茫秋水阻挡而不可得，全诗一唱三叹，凄楚而缠绵。诗歌描绘了一种朦胧含蓄的意境，烘托出清虚、哀怨、孤冷、落寞、可望而不可得的惆怅心绪。关于此诗的主旨，历来众说纷纭，大抵有三种说法：

其一，"刺襄公未能用周礼"说。《毛传》开篇曰：

"蒹葭，刺襄公也。未能用周礼，将无以固其国焉……兴也。蒹，廉；葭，芦也。苍苍，盛也。白露凝戾为霜，然后岁事成，国家待礼，然后兴……萋萋，犹苍苍也。晞，干也……采采，犹萋萋也。所谓未已，犹未止也。"②

---

① 方玉润. 诗经原始 [M]. 北京：中华书局，1986.
② 十三经注疏整理委员会. 毛诗正义 [M]. 北京：北京大学出版社，1999.

诗歌三章的开端都是形容秋季河边蒹葭生长茂盛稠密的样子，叶片上还残存着白露，然后以蒹葭起兴，引出下文在水一方的伊人，"伊，维也，一方难至矣。"这是学术史上最早对《秦风·蒹葭》的题意解读，并在经学研究史上占据主导地位。郑玄《笺》曰："秦处周之旧土，其人被周之德教日久矣。今襄公新为诸侯，未习周之礼法，故国人未服焉……伊人为知周礼之贤人。"①孔颖达《疏》曰："作《蒹葭》诗者，刺襄公也。襄公新得周地，其民被周之德教日久，今襄公未能用周礼以教之。礼者为国之本，未能用周礼，将无以固其国焉，故刺之也。经三章，皆言治国须礼之事。"②

其二，求贤说。这种说法认为诗歌表达了求贤若渴的心情，由第一种说法引申而来。但求贤者谓谁，所求者又谓谁，已不可考。姚际恒和方玉润认为，求贤者或贤者并非具体的某个人，根据诗歌文本之意，仅表现"慕贤之思"：

"此自是贤人隐居水滨，而人慕而思见之诗。'在水之湄'，此一句已了。重加'溯洄''溯游'两番摹拟，所以写其深企愿见之状，于是于'在'字上加一'宛'字，遂觉点睛欲飞，入神之笔。上曰'在水'，下曰'宛在水'，愚之以为贤人隐居水滨，亦以此知之也。"③

"盖秦处周地，不能用周礼。周之贤臣遗老，隐处水滨，不肯出仕。诗人惜之，托为招隐，作此见志。一为贤惜，一为世望。曰'伊人'，曰'从之'，曰'宛在'，玩其词，虽若可望不可即；味其意，实求之而不远，思之而即至者。特无心以求之，则其人偶乎远矣。"④

---

① 十三经注疏整理委员会.毛诗正义[M].北京：北京大学出版社，1999.
② 十三经注疏整理委员会.毛诗正义[M].北京：北京大学出版社，1999.
③ 姚际恒.诗经通论[M]//续修四库全书编委会.续修四库全书[C].上海：上海古籍出版社，1995.
④ 方玉润.诗经原始[M].北京：中华书局，1986.

其三，爱情说。此种说法根据文本的字面意义而来，"伊人"就是所思念的恋人。闻一多、傅斯年、林庚、冯沅君、余冠英、程俊英、蒋见元等，以及目前多数赏析类文章和教材，都将这首诗作为爱情诗来阐述。

其实，对《秦风·蒹葭》所体现的文化内涵研究而言，首先从经学角度来看，《诗经》之所以能被奉为"经"，不仅在于它经过经学家的解释而具有德化、教化功能，更是因为它的内容反映了西周和春秋时期的礼乐文化，详细记录了周天子和各诸侯国的政治、民俗、战争、生产、生活等内容。孔子生活在礼坏乐崩的时代，他编订《诗》，以《诗》为教，强调"兴观群怨"说，以此来恢复诗歌的政教功能。《诗序》"美刺说"继承了孔子"诗教"的观点，二者相结合并形成《诗经》所承载的由来已久的功能。诗教"主文谲谏"强调婉言规劝，用比喻的手法进行讽谏，不直言过失，注重文辞的委婉，而将这一语言形式完美体现，凸显诗歌温柔敦厚风格的正是《蒹葭》。

其次，从文学层面和文学研究的角度看，《秦风·蒹葭》似乎就是一首爱情诗。诗中反复强调诗人苦苦追寻伊人的过程——"溯洄从之""溯游从之"，无奈行路艰难，伊人未见却仿佛"宛在水中央"，将诗人真挚的爱恋之情表现到极致。然而，朱熹的解释又打开了新的研究思路："伊人，犹言彼人也。言秋水方盛之时，所谓彼人者，乃在水之一方，上下求之而皆不可得，然不知其何所指也。"[①] 此说法打破了对诗歌主旨解说的束缚，为后世诗歌研究开辟了一条不言诗旨，重在诗情、诗意发掘的道路。也正因此，《秦风·蒹葭》才更耐人寻味，让后人能充分发挥对诗歌意境的想象。"蒹葭""白露""秋水""伊人"等意象，以及《秦风·蒹葭》营造的空灵缥缈的意境和婉转惆怅的情绪，成为诗歌史上的不朽经典。

---

① 朱熹.诗集传[M].赵长征，点校.北京：中华书局，2011.

二、植物意象的文化内涵流变——以"桑"为例

考古发掘资料和甲骨文中均有关于蚕桑的记载，可见我国蚕桑起源早，且作为衣食之源极受重视。《孟子·梁惠王上》曰："五亩之宅，树之以桑，五十者可以衣帛矣。"王符在《潜夫论·务本》中提到："夫富民者，以农桑为本，以游业为末。"①孟浩然诗曰："开轩面场圃，把酒话桑麻。"古人用"桑梓"指代故乡，"维桑与梓，必恭敬止。靡瞻匪父，靡依匪母"（《小雅·小弁》）。

桑是《诗经》中出现最多的植物之一。《秦风·黄鸟》曰："交交黄鸟，止于桑。"《豳风·七月》曰："蚕月条桑，取彼斧斨。以伐远扬，猗彼女桑。"《卫风·氓》曰："于嗟鸠兮！无食桑葚。"桑指桑树，是陕西地区最常见的一种落叶乔木或灌木，属多年生植物，根系发达，喜阳光，喜温暖湿润的气候，耐贫瘠，耐水湿，耐干旱，耐寒，抗风和抗烟尘能力强，我国东北、西北、西南地区均有种植。叶呈卵形，边缘有锯齿，四月开淡黄绿色小花，果实为椭圆形，成熟后为红色或紫黑色。桑果可以充饥和酿酒，桑叶可养蚕亦可制药，桑木能制造家具和生产工具。《豳风·鸱鸮》曰："迨天之未阴雨，彻彼桑土，绸缪牖户。""桑土"即桑杜，为桑根。陆文郁《诗草木今释》（下文简称陆文郁《今释》）曰："桑，为吾国最古之栽培树类，其叶有饲蚕之大用。木材致密，古人每取之以为弓，《礼》所谓'射人以桑弧蓬矢，射天地四方'是也，又可造器具，或做种种细工物。又栽植使成灌木状，多生枝丫，以时截取之，擘其内皮纤维以制纸。称桑皮纸，其内白条，称桑条，供编筐箧之需。果实供食用，或捣作饼，藏之以济荒，又可酿酒，又根皮可药用。"②

---

① 王符.潜夫论笺校正[M].北京：中华书局，1985.
② 陆文郁.诗草木今释[M].天津：天津人民出版社，1957.

桑葚

李时珍《本草纲目》记载了桑树的药用价值：桑柴灰可以治疗目赤肿痛、青盲、白癜风、大麻风、头风白屑，桑枝用于治疗水气脚气、紫白癜风、风热臂痛等，桑叶可治疗青盲、风眼多泪、眼红涩痛、头发不长、吐血不止、肺毒风疮、痈口不收、汤火伤疮、手足麻木等，桑果能治疗水肿胀满和瘰疬，桑根白皮可治疗咳嗽吐血、消渴尿多、刀伤成疮、产后下血、月经后带红不断、跌伤、发枯不润、小儿丹毒、小儿流涎、石痈等疾病。

《诗经》中共有20余处提到桑树，从诗歌描述中可以看出，桑树对自然环境要求不高，且分布广泛。例如，生长在山林里的桑树，"南山有桑，北山有杨"（《小雅·南山有台》）；生长在湿洼地里的桑树，"阪有桑，隰有杨"（《秦风·车邻》），"隰桑有阿，其叶有难"（《小雅·隰桑》）；生长在田野里的桑树，"蜎蜎者蠋，烝在桑野"（《豳风·东山》）；生长在水边的桑树，"彼汾一方，言采其桑"（《魏风·汾沮洳》）；种植在庭院中的桑树，"将仲子兮！无逾我墙！无折我树桑"（《郑风·将仲子》），"翩彼飞鸮，集于泮林，食我桑葚，怀我好音"（《鲁颂·泮水》）。桑树出现的地点有今陕西、河南、山西、山东等地，几乎遍及整个黄河流域。古人尤为重视蚕桑，《礼记·祭义》记载了桑树在生产生活中的重要性和普遍性：

"古者天子、诸侯必有公桑蚕室，近川而为之，筑宫仞有三尺，棘墙而外闭之。及大昕之朝，君皮弁素积，卜三宫之夫人、世妇之吉者，使入蚕于蚕室，奉种浴于川，桑于公桑，风戾以食之……岁既单矣,世妇卒蚕,奉茧以示于君,遂献茧于夫人。夫人曰:'此所以为君服与!'遂副袆而受之,因少牢以礼之……古之献茧者,其率用此与……及良日,夫人缫,三盆手,遂布于三宫夫人、世妇之吉者,使缫。遂朱绿之,玄黄之,以为黼黻文章。服既成,君服以祀先王先公,敬之至也。"①

桑树在古人心中是神圣的,上古伟人降生之地被称作"空桑",即空心桑树。《吕氏春秋·仲夏纪·古乐》曰:"帝颛顼生自若水,实处空桑,乃登为帝。惟天之合,正风乃行。"②郦道元《水经注·伊水》曰:"昔有莘氏女,采桑于伊川,得婴儿于空桑中。言其母孕于伊水之滨,梦神告之曰:臼水出而东走,顾望其邑,咸为水矣。其母化为空桑,子在其中矣。莘女取而献之,命养于庖,长而有贤德,殷以为尹,曰伊尹也。"③伊尹后来成为商朝开国君主成汤的名相。桑林还可举行仪典、祭祀等,《吕氏春秋》《淮南子》皆记载,大旱之年,商汤于桑林中祈雨祝祷,果然兴云作雨。在这桑林中有一神所,就是社庙,商汤"祷于桑林之社"。故桑树被视为神树。

到了《诗经》创作的时代,桑林成为男女幽会和欢爱的地方,"桑间濮上"之说并非虚言妄语。《墨子·明鬼》明示:"燕之有祖,当齐之社稷,宋之有桑林,楚之云梦也,此男女之所属而观也。"④桑林在原始先民心中的神圣感已逐渐退去,"男女之私必曰桑中"。柔情蜜意的爱情故事常常发生在桑林里,诗歌往往以采桑叶、桑葚为喻,《小雅·隰桑》描写的正是这种桑林欢会的场景:

---

① 王文锦.礼记译解[M].北京:中华书局,2016.
② 吕不韦.吕氏春秋[M].高诱,注.上海:上海古籍出版社,1989.
③ 郦道元.水经注[M].陈桥驿,点校.上海:上海古籍出版社,1990.
④ 孙诒让.诸子集成:墨子间诂[M].北京:中华书局,1954.

隰桑有阿，其叶有难。既见君子，其乐如何。

隰桑有阿，其叶有沃。既见君子，云何不乐？

隰桑有阿，其叶有幽。既见君子，德音孔胶。

心乎爱矣，遐不谓矣？中心藏之，何日忘之！

这是女子的爱情自白，她回忆着相见时的快乐和深情相许，心里总放不下他。诗人即事起兴，通过对桑树的真切感知而顿生情意。诗中对枝繁叶茂的桑树的描写，尤其是对桑叶润泽、葱郁的赞美，渲染和烘托了女子心花怒放的心情，寄托着她对欢愉相会的刻骨记忆和期盼。又如《郑风·将仲子》曰："将仲子兮，无踰我墙，无折我树桑。岂敢爱之，畏我诸兄。仲可怀也，诸兄之言，亦可畏也。"诗中女子希望心上人不要翻墙来折桑，因为人言可畏，写出了既爱又怕、既痴情又担忧的矛盾心理。也有男子思念女子的情歌，就是《鄘风·桑中》：

爰采唐矣？沬之乡矣。云谁之思？美孟姜矣。期我乎桑中，要我乎上宫，送我乎淇之上矣。

爰采麦矣？沬之北矣。云谁之思？美孟弋矣。期我乎桑中，要我乎上宫，送我乎淇之上矣。

爰采葑矣？沬之东矣。云谁之思？美孟庸矣。期我乎桑中，要我乎上宫，送我乎淇之上矣。

《毛诗序》曰："《桑中》，刺奔也。卫之公室淫乱，男女相奔，至于世族在位，相窃妻妾，期于幽远，政散民流而不可止。"《笺》曰："卫之公室淫乱，谓宣惠之世，男女相奔，不待媒氏以礼会之也。世族在位，取姜氏、弋氏、庸氏者也。窃，盗也。幽远，谓桑中之野。"[①] 虽然毛氏认为此诗是讽刺世族贵族男女淫乱成风之作，但事实上反映了青年男女

---

① 周振甫.诗经译注[M].北京：中华书局，2015.

的炽烈爱情，并将欢情置于桑林的神秘氛围中。

采桑是古代女子的农务，桑园不仅生产衣帛，还是滋润爱情的乐园。以采桑起兴来表达甜蜜爱情的诗歌，比较突出的是《魏风·汾沮洳》：

彼汾沮洳，言采其莫。彼其之子，美无度；美无度，殊异乎公路。

彼汾一方，言采其桑。彼其之子，美如英；美如英，殊异乎公行。

彼汾一曲，言采其藚。彼其之子，美如玉；美如玉，殊异乎公族。

诗里痴情女子总是思念着意中人，王公贵族、达官显贵和那人相比也望尘莫及，颇有"情人眼里出西施"之意。

"桑"的诸多方面都在《诗经》中予以体现，即便由于诗歌体裁的限制而无法细致描绘，诗人还是将情感和意蕴融入客观物象之中。《卫风·氓》中，诗人用桑叶的清亮、桑枝的柔媚代表女性的温婉，"桑之未落，其叶沃若"比喻女子青春貌美，而"桑之落矣，其黄而陨"比喻女子年老色衰。诗歌以桑叶为喻，诉说女子命运的变化；桑叶也见证了女子从甜蜜恋爱到任劳任怨为家庭付出，再到被丈夫抛弃的不幸婚姻的全过程。这两句的比兴，内涵深刻，情感真挚。

随着时代的变迁、社会风俗的变化，到了汉魏六朝时期，诗歌色彩更加明艳，如：

秦氏有好女，自名为罗敷。罗敷善蚕桑，采桑城南隅……头上倭堕髻，耳中明月珠。缃绮为下裙，紫绮为上襦。（汉乐府民歌《陌上桑》）

群女出桑。此郊之妹，华色含光，体美容冶，不待饰装……意密体疏，俯仰异观；含喜微笑，窃视流眄。（宋玉《登徒子好色赋》）

美女妖且闲，采桑歧路间……攘袖见素手，皓腕约金环……明珠交玉体，珊瑚间木难……顾盼遗光彩，长啸气若兰。（曹植《美女篇》）

这三首诗都突出了采桑女巧笑倩兮、亭亭玉立、娇媚动人的姿色，增强了夸张与渲染的艺术成分，却削弱了《诗经》时代奔放的浪漫气息。有学者对神话时代到汉魏六朝的桑文化的内涵流变做了集中梳理：

> 这种变化与冲突，是以文化价值观的变化为前提的。在神话中，"空桑生人"所显示出来的神性，本是人类自我生殖力的神化的曲折表达。到了《诗经》时代，桑林只作为一个生殖圣地被悬置一边，源于神话中的桑林崇拜则成为男女之间相亲相爱的背景。在《陌上桑》中，男女相爱变为男女互相冲突。作为生殖圣地的桑林蜕尽了神圣的色彩，发生在桑林圣地的男女相悦相爱的生命本能的欢会活动竟成了无行男子对采桑女的纠缠。原本是礼俗所允许的，而今却是离经背道。这正是古俗消失、新道德观念逐渐确立、文化价值观念发生变化后的必然结果。但是，男女桑林欢会习俗的母题依旧在变化了的主题模式中留下了深深的印记。在《诗经》以来的文学发展中，凡与"桑""采桑"有关的诗词，大多与男女有关，这在汉以后的文学发展中同样有着极为明显的表现。①

---

① 魏宏灿，王一侬.从神圣领地到情爱禁区——桑文化发展试探[J].浙江社会科学，2001.

第三节 《诗经》中的其他植物

一、草部植物

1. 荇菜

荇菜，生于湖泊、池沼、溪流或河口等水流平稳的水域，属多年生植物。《诗经》首篇《周南·关雎》提到："参差荇菜，左右流之。"荇菜的茎细长而柔软，花叶漂浮在水面上，《周南·关雎》中以荇菜起兴，用荇菜柔软鲜嫩的形态形容女子娇弱柔美的姿态。陆玑《疏》有言："荇，一名接余，白茎，

荇菜

叶紫赤色，正圆，径寸余，浮在水上，根在水底，与水深浅等。大如钗股，上青下白，煮其白茎以苦酒浸之，肥美，可案酒。"① 郭璞《注》有言："莕，接余。其叶苻。丛生水中，叶圆，在茎端，长短随水深浅，江东食之。亦呼为莕。诗作荇。"② 《颜氏家训》有"今是水悉有之，花黄似莼，江南俗亦呼为'猪莼'，或呼为'荇菜'"③ 之句。陆文郁《今释》

---

① 陆玑. 毛诗草木鸟兽虫鱼疏[M]. 北京：中华书局，1985.
② 尔雅[M]. 郭璞，注. 北京：中华书局，1985.
③ 颜之推. 颜氏家训集解[M]. 王利器，集解. 上海：上海古籍出版社，1980.

曰："茎圆柱形，沉水中，暗紫绿色。其叶呈心脏形，质厚，上面光绿色，下面带紫色，叶柄下部膨大，而包于茎。夏日，由叶腋出花梗，伸水上，开花冠五裂之深黄色花，每裂边缘具齿毛。果为蒴果。"古时为观赏植物和救荒植物。荇菜可入药，治疗消渴症、痈疽及疮疖。

2. 蘩

蘩指白蒿，多年生草本植物，属菊科，今又名大籽蒿。《豳风·七月》曰："春日迟迟，采蘩祁祁。"郭璞《注》曰："蘩，皤蒿。白蒿。蒿，菣。今人呼青蒿，香中炙啖者为菣。"①陆玑《疏》曰："蘩，皤蒿。凡艾白色为皤蒿。今白蒿，春始生，及秋，香美，可生食，又可蒸。一名游胡，北海人谓之旁勃。故《大戴礼》《夏小正》传云：蘩，游胡，游胡旁勃也。"②白蒿是常见的野菜，也是一种重要的民间药材，亦可以用作喂养牲畜的饲料。《唐本注》云："此蒿叶粗于青蒿，从初生至枯，白于众蒿。欲似艾者，所在有之。又云叶似艾叶，上有白毛粗涩，俗呼蓬蒿。可以为菹。"③

蘩

周人祭祀时尤其重视祭品的气味，蘩属芳香之物，在古时常作祭品。

---

① 尔雅[M]. 郭璞,注. 北京：中华书局，1985.
② 陆玑. 毛诗草木鸟兽虫鱼疏[M]. 北京：中华书局，1985.
③ 十三经注疏整理委员会. 尔雅注疏[M]. 北京：北京大学出版社，1999.

《左传·隐公三年》曰："苟有明信,涧溪沼沚之毛,蘋蘩蕰藻之菜,筐筥锜釜之器,潢污行潦之水,可荐于鬼神,可羞于王公。"①《召南·采蘩》曰:"于以采蘩?于沼于沚。于以用之?公侯之事。于以采蘩?于涧之中。于以用之?公侯之宫。"说的就是"奉祭祀"之事。朱熹《诗集传》云:"南国被文王之化,诸侯夫人能尽诚敬以奉祭祀,而其家人叙其事以美之也。"②此外,李时珍《本草纲目》记载了白蒿的药用价值:气味甘,平,无毒,主治五脏邪气、风寒湿痹、恶疮癞疾、夏月暴痢,生发乌发,杀河豚鱼毒。

3. 堇和荼

《大雅·绵》曰:"周原膴膴,堇荼如饴。"郭璞《注》曰:"啮,苦堇。今堇葵也。叶似柳,子如米,汋食之滑。"③陆文郁《今释》曰:"堇,毛茛科。一年生直立草本。茎粗壮,肉质,平滑。叶互生,具长叶柄,叶身掌状,为三深裂,每裂更为三裂,具钝齿牙缘。春日,于茎顶或叶腋开五瓣黄色颇光泽之小花。果实瘦果,多数集合为桑葚状果毯……为现代著名之有毒植物。于药用上,治痈疽,以揉出茎叶之汁涂患部,甚有效。吾国古时救荒,亦有采其苗叶食用者。"④

荼

荼,郭璞《注》曰:"荼,苦菜。《诗》曰'谁谓荼苦?'苦菜可

---

① 十三经注疏整理委员会.春秋左传正义[M].北京:北京大学出版社,1999.
② 朱熹.诗集传[M].赵长征,点校.北京:中华书局,2011.
③ 尔雅[M].郭璞,注.北京:中华书局,1985.
④ 陆文郁.诗草木今释[M].天津:天津人民出版社,1957.

食。"①陆玑《疏》曰:"苦菜生山田及泽中,得霜甜脆而美,所谓'堇荼如饴'。《内则》云濡豚包苦,用苦菜是也。"②释曰:"此味苦可食之菜,一名荼,一名苦菜。《本草》一名荼草,一名选,一名游冬。案《易纬通卦验玄图》云:苦菜,生于寒秋,经冬历春乃成。《月令》孟夏'苦菜秀'是也。叶似苦苣而细,断之有白汁,花黄似菊,堪食,但苦耳。"③陆文郁《今释》曰:"荼,菊科。多年生草本,地下茎蔓延繁殖。茎叶皆含白汁。根生叶与下部之叶羽状分裂,基部窄成短叶柄;上部之叶羽状分裂或全缘披针形,抱茎。夏日抽花茎,开黄色头状花数个或多数,成散房状花序。果实瘦果……古为救荒植物,亦用为常蔬,茎、叶酱拌(用麦酱)、糖拌,生食之佳。津中于入夏后,小童多掘自野中,沿街叫卖。识者每于买得后,掐下老茎埋土中,俟出新叶摘食,鲜嫩而不苦。餐馆亦尝用以登盘供客,在旧时每年河豚上时,新荼方茁,以之佐鱼白,或以为胜于荻芽也。又可药用,益心,和血,通气。"④诗中的"堇"和"荼"都指苦菜,是古时常用作救荒的野菜,"周原朊朊,堇荼如饴"正彰显了周人辛勤劳作、安居勤业的可贵精神。

4. 葽

葽指不开花而结实的远志。《豳风·七月》曰:"四月秀葽,五月鸣蜩。"郭璞《注》曰:"葽绕,

葽

---

① 尔雅[M].郭璞,注.北京:中华书局,1985.
② 陆玑.毛诗草木鸟兽虫鱼疏[M].北京:中华书局,1985.
③ 十三经注疏整理委员会.尔雅注疏[M].北京:北京大学出版社,1999.
④ 陆文郁.诗草木今释[M].天津:天津人民出版社,1957.

今远志也。似麻黄,赤华(花),叶锐而黄,其上谓之小草。"[1]陆文郁《今释》曰:"葫芦科。多年生蔓草,雌雄异株。茎有沟棱,具长毛,有单一之卷须。叶身广卵形,其基脚为深心脏形,两面皆具粗毛,叶缘有不齐之齿牙。夏初,于叶腋出小梗,开单性花,小蕊花花冠钟形,有深五裂,鲜黄色。大蕊花具假雄蕊,子房长圆形,亦疏生粗毛。果实为长圆形浆果,赤色……或栽培园圃为观赏之用。根与嫩芽可为蔬,又由根部能制出淀粉,果实亦可食。"[2]远志的根和苗均可药用,有安神益智之效,可治疗便秘、咳嗽、惊悸、健忘和妇科病等。

5. 蘡

蘡,又名燕蘡、蘡薁、山蒲桃、野葡萄,葡萄科。《豳风·七月》曰:"六月食郁及薁。"陆文郁《今释》曰:"落叶藤本,有卷须。叶互生,掌状,三裂至五裂,叶缘有不齐之锯齿,背面具锈色绒毛。夏日,于叶柄着生之对方出花茎,开多数小花,排列为密锥花序。花冠五瓣,绿白色,有早落性。果实为紫黑色浆果……果实供食用或酿酒。有根、藤、实、叶皆入药。"[3]据《本草纲目》记载,蘡薁藤用水浸过,吹气滴入眼中,可治疗目中热翳及赤白障;野葡萄根、葛根加水煎,再加童便,空腹温服可治热淋;野葡萄根晒干研末,加水调涂,可治一切肿毒。此外,蘡薁茎的纤维可以做绳索。

二、木部植物

1. 漆

《秦风·车邻》曰:"阪有漆,隰有栗。"诗中的"漆"指漆树。许

---

[1] 尔雅[M]. 郭璞, 注. 北京: 中华书局, 1985.
[2] 陆文郁. 诗草木今释[M]. 天津: 天津人民出版社, 1957.
[3] 陆文郁. 诗草木今释[M]. 天津: 天津人民出版社, 1957.

慎《说文解字》云："桼，木汁可以髹物。象形，桼如水滴而下。"段玉裁《说文解字注》云："木汁名桼，因名其木曰桼，今字作漆。"苏颂《图经》云："木高二三丈，皮白，叶如椿，花似槐，子若牛李，木心黄。六月、七月以竹筒钉入木中取之。崔豹《古今注》曰："漆树，以刚斧斫其皮开，以竹管承之，汁滴管中，即成漆也。"[①]陆文郁《今释》曰："吾国从古即栽培之。今盛产于陕西、贵州、四川及湖南北，尤以陕西、湖北所产之漆品质最佳，为大宗之输出品。木材理疏质轻，能耐水湿，有弹力，又坚软适合，易于割裂。故古人用造琴瑟，或以为弓材。尤宜制箱及装饰材用，并可为渔网上之浮子。嫩叶可食，果实可取蜡制烛，并可作家畜之饲料。核可榨油，供灯火。"[②] 漆树属落叶乔木，高可达 20 米，叶片为长圆形，初夏时开黄绿色小花，果实呈棕黄色扁圆状。漆树喜光及温暖湿润的气候，在秦岭普遍分布。漆树的果皮可以取蜡；种子可以榨油，也可以制造香皂、油墨等；木材坚实，

漆树

---

① 苏颂. 本草图经 [M]. 北京：学苑出版社，2007.
② 陆文郁. 诗草木今释 [M]. 天津：天津人民出版社，1957.

能耐水湿，有弹力，可制造家具。"漆树是我国主要的采漆树种，它不断地向人类提供大量的生物质材料——生漆，一种不可替代的工业原料。我国有着悠久的栽培和利用漆树资源的历史，形成了中华民族特有的生漆文明，成为世界文明史、科学技术史和工艺美术史上的一朵奇葩。生漆是将漆树韧皮部割伤后流出的乳白色黏稠液体，是我国特有的一种天然树脂涂料，素有'涂料之王'的美誉。"[1]此外，漆树具有丰富的药用价值：干漆与白芜荑捣碎成末，同米汤服用，可治疗小儿虫病；湿漆加干漆调成丸，可治妇女血气痛、男子疝气或小肠气痛；干漆、牛膝末、生地黄汁慢火熬浓成丸，以酒或汤服用可治妇女闭经或腹内症瘕；干漆烧烟，用筒吸烟入喉，可治喉痹；干漆末和大麦芽末封于瓦罐后煅红，冷后再研散，以热酒服用，可治疗妇女产后疾病，尤其是产后青肿疼痛；干漆、柏子仁、山茱萸、酸枣仁等研末，做成丸以温酒服用，可治疗五劳七伤。

2. 杨

《秦风·车邻》曰："阪有桑，隰有杨。"此处指水杨。《说文解字》云："隰，阪下湿也。"郭璞《注》曰："杨，蒲柳，可以为箭。《左传》所谓'董泽之蒲'。"[2]徐鼎《毛诗名

河边的水杨树

---

[1] 秦岭四库全书编委会.秦岭四库全书·绿库——草木人间[M].西安：西安出版社，2015.

[2] 尔雅[M].郭璞，注.北京：中华书局，1985.

物图说》(下文简称徐鼎《图说》)云:"杨、柳二种,《诗》分而言之者,《齐风》'折柳樊圃'、《秦风》'隰有杨'、《陈风》'东门之杨'是也;合而言之者,《小雅》'杨柳依依'是也。然枝劲而扬起者曰杨,枝弱而下垂者曰柳,实不同也。《尔雅》'蒲柳',即《本草》'水杨'也。'隰有杨',下湿曰隰,此是水杨无疑也。"[①] 水杨,又称蒲柳、青杨、蒲杨,乔木,高可达30米。树冠为阔卵形;树皮初生时光滑,灰绿色,老时暗灰色,有沟裂;叶为长披针形,叶缘有锯齿,初夏出花穗,雌雄异株,花期较长,可采蜜;木材纹理直、结构细,质地轻柔,易加工,可做家具及建筑用材。水杨的嫩枝比较柔韧,常用于编筐筥,老枝在古代常用作箭笴。性喜湿,常见于河岸,可加固堤防,还可作为观赏树种植于道路两侧。水杨可入药:水杨枝叶捣汁服用,治疗赤白痢;水杨枝叶煎汤温浴,内服助气血,医治痘毒不发;水杨木白皮焙干研末,以水服用,同时外敷疮上,可治刀伤成疮;水杨根捣碎,可治疗乳痈。

3. 棘

棘的本意是指丛生的小枣树。《说文》云:"棘,小枣也。大曰枣,小曰棘。"《秦风·黄鸟》曰:"交交黄鸟,止于棘。"棘是一种多刺的落叶灌木或乔木,枝条有刺针;叶为长椭圆

棘

---

① 徐鼎. 毛诗名物图说 [M]. 北京:清华大学出版社,2006.

形或卵形，边缘有锯齿；初夏开黄绿色小花，花糖分泌多，可以用来养蜂；果实为暗红色，长圆形或亚圆形，味酸，可以用来做酸枣泥或酸枣糕。此外，酸枣具有丰富的药用价值：酸枣仁、蜡茶、生姜汁相配，以温水服用，可治胆风沉星；酸枣仁炒香捣碎，以竹叶汤服用，治疗胆虚不眠（心多惊悸）；酸枣仁配以茯苓、白术、人参、甘草、生姜煮水服用，治疗振悸不收藏；酸枣仁配以知母、干姜、茯苓、川芎、甘草煮水服用，治疗虚烦不眠；酸枣仁、人参、茯苓研末，以米汤服用，治疗盗汗。

4. 楚

楚，又名蔓荆、牡荆，今指黄荆树。《秦风·黄鸟》曰："交交黄鸟，止于楚。"《周南·汉广》曰："翘翘错薪，言刈其楚。"楚属于马鞭草科，落叶灌木或小乔木，绿色的称为荆，红褐色的称为楛，因产生的地域不同而颜色不同，实属同一树种。苏颂《图经》云："（牡荆）即作棰杖者，俗名黄荆是也。枝茎坚劲，作树不为蔓生，故称牡。叶如蓖麻，梗疏瘦；花红作穗；实细而黄，如麻子大。或云即小荆也。八月、九月采实，阴干。此有青赤二种，以青者为佳。"[①] 夏秋间开青紫色小花，花后结小果；叶为掌状，边缘有锯齿，叶背面呈灰白色，可以入药。在古代，黄荆树的枝条可用来制作刑杖，北方人用嫩枝条来编制筐莒和篱笆，用老枝条做薪材，还可做绿肥。荆树在干

楚

---

① 苏颂.本草图经[M].尚志钧，校.北京：学苑出版社，2007.

燥向阳的地方普遍分布，沙地也可以种植。南方人做器具多用竹，荆条丛生却无人采用。妇女用黄荆枝条做成发钗称为"荆钗"，男子称妻子为"拙荆"。

5. 梅（楠）

《秦风·终南》曰："终南何有？有条有梅。"此处的梅应该是指楠木。陆玑《疏》云："梅，树皮叶似豫章。叶大如牛耳，一头尖，赤心，华（花）赤黄，子青，不可食。楠叶大，可三四叶一丛，木理细致于豫章，子赤者材坚，子白者材脆。荆州人曰梅，终南及新城、上庸、蜀，皆多樟、楠。终南与上庸、新城通，故亦有楠也。"① 徐鼎《图说》云："陆玑所称叶似豫章者，与吴中梅树全不相似，定是一种楠，木材可为棺、舟。旧说陈文帝尝出楠材造战舰，即此楠也。盖草木同名异类者多，如一杞而有三种，一桐而有四类，人多混《摽有梅》与此为一，盍将陆玑之《疏》参之？"② 陆文郁《今释》曰："梅，诗传云：'梅，枏也。'《尔雅义疏》云：'梅枏为大木，非酸果之梅。'枏即楠，故以楠释诗。楠，又名楠木、楠树、枏、柟。常绿大乔木。叶革质，广披针形或倒卵形，叶端尖锐。夏月，于叶腋开赤黄色小花，排列为聚伞花序，花被六裂。秋结黑蓝色浆果……木理致密，有香气，为建筑用和器具用良材。树皮、枝、叶可作药用。"③ 综上所释，《摽有梅》中的梅是酸梅，与楠木之梅不同。

楠树

---

① 陆玑. 毛诗草木鸟兽虫鱼疏[M]. 北京：中华书局，1985.
② 徐鼎. 毛诗名物图说[M]. 北京：清华大学出版社，2006.
③ 陆文郁. 诗草木今释[M]. 天津：天津人民出版社，1957.

楠木可作药用，与桐木煮水饮用、泡脚可治疗足部水肿；楠木削片煮水，治疗心胀腹痛；楠木烧存性研末，耳内敷用治疗耳出脓。

6. 条（楸）

《秦风·终南》曰："终南何有？有条有梅。"条，又名槄、山榎，即山楸树。《尔雅》云："条，山榎。"郭璞《注》云："槄，山榎。今之山楸。"① 陆玑《疏》云："条，槄也。今山楸也。亦如下田楸耳。皮色白，叶赤白，材理好，宜为车板，能湿，又可为棺木。宜阳共北山多有之。"② 山楸属紫葳科，落叶乔木，材质坚硬，纹理粗略，多用于制造家具。楸与榎虽为同类又有别。郭璞《注》云："槐，

楸树

小叶曰榎。槐当为楸，楸叶细者为榎。大而皵，楸；老乃皮粗皵者为楸。小而皵，榎；小而皮粗皵者为榎。《左传》曰'使择美榎'。"③ 此外，楸木可作药用，《本草纲目》记载了楸枝煎成水，可以治疗瘘疮；楸皮加水煎成膏状外敷，可治疗白癜风；楸叶煮水制成丸服入体内，可治疗上气咳嗽、腹胀人瘦；楸叶捣汁涂搽治疗头痒生疮。

7. 栗

《秦风·车邻》曰："阪有漆，隰有栗。"陆玑《疏》云："五方皆有栗，

---

① 尔雅 [M]. 郭璞，注. 北京：中华书局，1985.
② 陆玑. 毛诗草木鸟兽虫鱼疏 [M]. 北京：中华书局，1985.
③ 尔雅 [M]. 郭璞，注. 北京：中华书局，1985.

栗

周、秦、吴、杨特饶。吴越、被城，表里皆栗，唯渔阳、范阳栗甜美长味，他方者悉不及也。倭、韩国诸岛上栗大如鸡子，亦短味不美。桂阳有莘栗，丛生，大如杼子中仁，皮、子形色与栗无异也，但小耳。又有奥栗，皆与栗同，子圆而细，或云即莘也，惟江湖有之。又有茅栗、佳栗，其实更小，而木与栗不殊，但春生、夏花、秋实、冬枯为异耳。"①栗，落叶乔木，果实为坚果，味甘香，俗称板栗。栗果除了可以食用、酿酒，还能作药用，《本草纲目》记载了栗果的药用价值：风干的生栗配猪肾煮粥吃，治疗腰脚无力；生嚼栗子敷涂，治疗小儿干疮；每日吃煮熟的大栗，治疗小儿口疮；大栗连皮烧存性，加麝香研末，温水服用，可治鼻血不止；大栗研烂敷伤口上可治刀斧伤。栗树皮和栗壳斗可提取栲胶，也可作丝绸的黑色染料。栗树木材坚硬，可制造家具和农具。

8. 堂（棠）

堂通"棠"，古时又名杜、常棣，今名棠梨、杜梨，属蔷薇科。《秦风·终南》曰："终南何有？有纪有堂。"郭璞《注》曰："杜，甘棠。今之杜梨。杜，赤棠。白棠者，棠色异，异其名。"②陆玑《疏》曰："常棣，许慎曰白棣树也。如李而小，如樱桃正白，今官园种之。又有赤棣树，亦似白棣，叶如刺榆，叶微圆，子正赤，如郁李而小，五月始熟，自关西、天水、

---

① 陆玑. 毛诗草木鸟兽虫鱼疏 [M]. 北京：中华书局，1985.
② 尔雅 [M]. 郭璞，注. 北京：中华书局，1985.

陇西多有之。"①又云："甘棠，今棠梨。一名杜棠，赤棠也，与白棠同耳，但子有赤白美恶。子白色为白棠，甘棠也，少酢滑美。赤棠子涩而酢，无味，俗语云'涩如杜'是也。赤棠木理韧，亦可以作弓幹（干）。"②棠梨果实有红、白两色，红色的是赤棠，果实酸涩难以入口，木材可以做弓箭；白色的是甘棠，果实酸味少，较为好吃。

据《史记·燕召公世家》记载，召公在甘棠树下决断诉讼，处理政务，公平恰当，毫无偏私。召

甘棠的果实与花

公逝世后，百姓缅怀其德政，作诗（"蔽芾甘棠，勿翦勿伐，召伯所茇"《召南·甘棠》）追思。此后，甘棠树成为召公勤政爱民的象征，并形成了"甘棠文化"。朱熹《诗集传》云："召伯循行南国以布文王之政，或舍甘棠之下。其后人思其德，故爱其树，而不忍伤也。"③诗人颂"古来分陕重，犹有召公棠。此树且能久，后人宜不忘"（梅尧臣），"在昔召公去，国人爱甘棠。于今树已空，时复吹清风"（李元伯）。1900年，岐山官绅武敬亭向逃难到西安的慈禧太后请银五千两创建召公祠，正殿悬挂慈禧太后亲题的"甘棠遗爱"匾额。这些都表现了后人对召公甘棠精神的怀念。

---

① 陆玑.毛诗草木鸟兽虫鱼疏[M].北京：中华书局，1985.
② 陆玑.毛诗草木鸟兽虫鱼疏[M].北京：中华书局，1985.
③ 朱熹.诗集传[M].赵长征，点校.北京：中华书局，2011.

9. 郁（郁李）

郁，即郁李。《豳风·七月》曰："六月食郁及薁。"《毛传》云："郁，棣属。"陆玑《疏》云："郁，其树高五六尺，其实大如李，色赤，食之甘。"①蔷薇科，落叶小灌木，小枝纤细，嫩枝呈绿色或绿褐色，老枝为灰褐色；叶片呈卵形或卵状披针形，春季先于叶开花，或花叶同开；花五瓣或重瓣，为白色或淡红色；果实呈深红色，小球形，可以食用。《本草纲目》记载了郁李的药用价值：用大黄、郁李仁、滑石末捣和成丸子，主治小儿惊痰、二便不通；郁李仁捣成末和面做饼，治疗肿满气急、睡卧不得；郁李仁捣烂，和以薏、苡煮粥吃，治疗心腹胀满、二便不通、气急喘息、脚气浮肿；郁李仁和鹅梨捣汁，治疗血汗症。

郁李

10. 驳（梓榆）

《秦风·晨风》曰："山有苞栎，隰有六驳（驳）。"陆玑《疏》云："驳（驳）马，梓榆。其树皮青白驳（驳）荦，遥视似马，故谓之驳（驳）马。下章云'山有苞棣，隰有树檖'，皆山隰木相配，不宜谓兽。"②书中注曰："诗《晨风》疏，释文，引驳（驳）马，木名，梓榆也。晋崔豹《古今注》六驳（驳），山中有木，叶似豫章，皮多癣驳（驳）。"③朱熹《诗集传》云："驳（驳），梓榆也，

---

① 陆玑. 毛诗草木鸟兽虫鱼疏 [M]. 北京：中华书局，1985.
② 陆玑. 毛诗草木鸟兽虫鱼疏 [M]. 北京：中华书局，1985.
③ 陆玑. 毛诗草木鸟兽虫鱼疏 [M]. 北京：中华书局，1985.

其皮青白如駁（驳）。"① 徐鼎《图说》云："毛《传》依《释兽》文解'駁（驳）'曰：'如马，倨牙，食虎豹。'则此兽名駁（驳）。而言'六'者，王肃云：'据所见而言也。'然陆玑谓駁（驳）为梓榆，并言'山隰之木相配，不宜云兽'，当矣。但'駁（驳）'为梓榆，而'六'字无解。范逸斋云：'必以六言意，兽三为群，六则非一群。言木之丛生，望而视之，亦若兽之群聚，其文駁（驳）荦也。'"②

关于駁（驳），有两种说法：一种说法认为駁（驳）就是駁（驳）马，见于《尔雅·释兽》；一种说法认为诗中用駁（驳）马指代梓榆树，见于陆玑《疏》。根据诗歌上下文意，笔者赞同陆玑的观点。梓榆树，常绿乔木，叶革质，长椭圆状披针形叶，夏秋间开六瓣黄色小花，结红色球形浆果，雌雄异株。

11. 檖

檖指山梨。《秦风·晨风》曰："山有苞棣，隰有树檖。"郭璞《注》云："檖，罗。今杨檖也，实似梨而小，酢可食。"③ 陆玑《疏》云："一名赤萝，一名山梨，今人谓之杨檖，其实如梨，但实甘小异耳。一名鹿梨，一名鼠梨，齐郡广饶县、尧山、鲁国、河内，其北山中有。今人亦种之，极有

檖

---

① 朱熹.诗集传[M].赵长征，点校.北京：中华书局，2011.
② 徐鼎.毛诗名物图说[M].北京：清华大学出版社，2006.
③ 尔雅[M].郭璞，注.北京：中华书局，1985.

脆美者，亦如梨之美者。"① 蔷薇科，小乔木，叶呈圆卵形，叶边缘有锯齿；春季开五瓣白色小花；果实为小球形梨果，可作干脯。樆根皮可药用，治疗疮癣。山梨是嫁接梨木的最佳木材，可以有效防止病害，并且结出的果实更加甘甜。

12. 樗

樗指臭椿。《豳风·七月》曰："采荼薪樗，食我农夫。"《说文解字》曰："木也。以其皮裹松脂。或从木蔓。"陆玑《疏》曰："樗树及皮皆似漆，青色耳，其叶臭。"② 苏颂《图经》云："椿木实而叶香可啖，樗木疏而气臭，膳夫亦能熬去其气，北人呼樗为山椿，江东人呼为鬼目。叶脱处有痕如樗蒲子，又如眼目，故得此名。"③ 惠子谓庄子曰："吾有大树，人谓之樗。其大本拥肿而不中绳墨，其小枝卷曲而不中规矩。"陆文郁《今释》云："樗，又名臭椿，鬼目。虎目树，虎眼。田樗，鬼眼。可作庇荫树、行道树，或栽植于庭园供观赏。木材可造器物，又可为木砖，置墙下部隔潮湿，又为造纸最佳之原料。叶可饲

樗

---

① 陆玑. 毛诗草木鸟兽虫鱼疏 [M]. 北京：中华书局，1985.
② 陆玑. 毛诗草木鸟兽虫鱼疏 [M]. 北京：中华书局，1985.
③ 苏颂. 本草图经 [M]. 尚志钧，校. 北京：学苑出版社，2007.

野蚕。根和叶可供药用。"① 臭椿喜光、耐寒、耐旱，叶为奇数羽状复叶，圆锥花序顶生，花呈淡绿色，结浅黄褐色翅果，果扁平，长椭圆形。与香椿同为落叶乔木，椿木木质实，而樗木木质较疏；香椿味香味美、可以食用，而臭椿有臭气不能吃。樗材比喻无用之才，多用于自谦之辞。在古豳地庆阳地区，民间认为臭椿树是一种上好的烧柴用木，因木含有油胶，因此见火便着，火势甚旺。《本草纲目》记载了樗树的药用价值：樗根捣碎，以和面调皂角成团，加水煮熟，治疗秋痢兼腰痛；樗根煎水，用酒服下，治疗长年屙血；果实治肠风泻血等症，烧灰洗头有明目作用。近年医学研究表明，臭椿的根皮提取物具有抗肿瘤的作用，可用于治疗宫颈癌、结肠癌、直肠癌等。

13. 柞、械、栎

柞指柞树。《大雅·绵》曰："柞械拔矣，行道兑矣。"《大雅·皇矣》曰："帝省其山，柞械斯拔。"《大雅·旱麓》曰："瑟彼柞械，民所燎矣。"壳斗科栎属植物，常绿灌木或小乔木，生棘刺。叶卵形或长椭圆卵形。材质坚实，纹理细密，材色棕红，可制作家具或农具。

械指械树。郭璞《注》云："械，白桵。桵，小木，丛生有刺，实如耳珰,紫赤可啖。"②《说文解字》亦将械解释为白桵。陆玑《疏》云："柞械，《三苍》说械即柞也。其材理全白，无赤心者曰桵。直理易破，可为楔、车轴，又可为矛、

柞树

---

① 陆文郁.诗草木今释[M].天津：天津人民出版社，1957.
② 尔雅[M].郭璞，注.北京：中华书局，1985.

戟、矜。"①棫，又称白桵、白蕤，灌木。小枝为灰绿色，有刺。结卵形坚果。秋季树叶变红，常种植于庭院、庙宇或茔墓，也用于造林的点缀。树皮可作染料，木材可用于制作器具和薪炭。

栎指栎树，亦有称指柞树。《秦风·晨风》曰："山有苞栎，隰有六駮（驳）。"陆玑《疏》曰："苞栎，秦人谓柞为栎，河内人谓木蓼为栎，椒樧之属也。其子房生为梂。木蓼子亦房生。"②书中注曰："玑以为此秦诗，宜从其方土之言，柞栎是也，《尔雅·释木》疏同。"③

由于古人对植物的分类不够精细，时常出现一名多用与一物多名的现象，柞、棫、栎的种属争议就是如此。《诗经》中出现的柞、棫二树与燎祭有关。燎祭自商周始、明清终，主要为求雨求年，根据诗文推断，柞、棫是祭祀时焚烧用的薪柴。

14. 椐

椐，又名樻、灵寿木、扶老杖、糯米树，忍冬科。《大雅·皇矣》曰："启之辟之，其柽其椐。"郭璞《注》云："椐，樻。肿节可以为杖。"④陆玑《疏》云："椐，樻。节中肿似扶老，今灵寿是也。今人以为马鞭及杖；弘农共北山甚有之。"⑤陆文郁《今释》云："灌木，叶身宽卵形至长圆卵形，叶端尖锐，边缘具齿牙状锯齿。夏日于新枝顶攒生，多数白色，合瓣，五裂之两型花，周围花大型，中性，中央花小，两性，共排列为散房花序。果实核果，初为红色，至成熟则碧黑色……可植于园林，为观赏之用。其本之坚实者，可以为杖，细枝可为马鞭。根皮可

---

① 陆玑．毛诗草木鸟兽虫鱼诗[M]．北京：中华书局，1985．
② 陆玑．毛诗草木鸟兽虫鱼诗[M]．北京：中华书局，1985．
③ 陆玑．毛诗草木鸟兽虫鱼诗[M]．北京：中华书局，1985．
④ 尔雅[M]．郭璞，注．北京：中华书局，1985．
⑤ 陆玑．毛诗草木鸟兽虫鱼疏[M]．北京：中华书局，1985．

供药用。"①

15.柽

柽,又名河柳、雨师、赤柽、赤杨、垂丝柳、观音柳、三春柳。《大雅·皇矣》云:"启之辟之,其柽其椐。"郭璞《注》云:"柽,河柳。今河旁赤茎小杨。"②陆玑《疏》云:"柽,河柳。生水旁,皮正赤如绛。一名雨师。枝叶似松。"③陆文郁《今释》云:"柽,柳科。灌木或小乔木。具纤弱、开展而下垂之枝及短而稀疏之小枝。叶短小,淡蓝绿色,披针形。七月至九月于枝端开五瓣淡红色

柽

小花,排列为多数之总状花序。果实为蒴果。"④徐鼎《图说》云:"柽,柽柳。落叶小乔木。枝干可编筐。枝叶如松,婀娜可爱。一年开三次花,又称为三春柳。"⑤常生长在多砂或者含盐的土地,或者种植在河岸边,用来加固堤防。因树形美观,别具风致,常种植在庭院中,作观赏绿植。《本草纲目》记载了柽柳木材及树脂的药用价值:用柽柳枝煎汤,可治疗腹中痞积;用柽柳枝或叶切细,加荆芥、白蜜、竹沥煮水,可治疗各种风疾;

---

① 陆文郁.诗草木今释[M].天津:天津人民出版社,1957.
② 尔雅[M].郭璞,注.北京:中华书局,1985.
③ 陆玑.毛诗草木鸟兽虫鱼疏[M].北京:中华书局,1985.
④ 陆文郁.诗草木今释[M].天津:天津人民出版社,1957.
⑤ 徐鼎.毛诗名物图说[M].北京:清华大学出版社,2006.

用柽柳枝晒干研末，以温酒服用，可解酒毒。

16.果蓏

果蓏，又名栝楼、天瓜、瓜蒌。《豳风·东山》曰："果蓏之实，亦施于宇。"郭璞《注》云："果蓏之实，栝楼。今齐人呼之为天瓜。"① 陆文郁《今释》云："葫芦科。多年生蔓草，地下有多肉之块状根，蔓延土中。茎有卷须。叶互生，掌状，为五或七掌状深裂，裂片长圆形或长圆状披针形，先端尖，有粗齿。夏月，于叶腋出单性花，花冠白色五裂。雌雄异株。

果蓏

果实浆果，近球形，熟则红黄色……根部及果实供药用，由块根制出淀粉，称天花粉；又可济荒，凶岁，山民尝以天花粉掺米麦中为饼供食。嫩果可酱渍或盐藏。种子可榨油，供灯火之需。"② 苏颂《图经》云："根亦名白药，皮黄肉白；三四月内生苗，引藤蔓；叶如甜瓜叶，作叉，有细毛；七月开花，似葫芦花，浅黄色；实在花下，大如拳，生青，至九月熟，赤黄色。"③ 果蓏全株皆可入药，治疗咳嗽、冠心病等病症，有散结、润肺、化痰的功效。

《诗经》中提到的陕西植物还有松、柏、桃等，由于这些植物众所周知，并非陕西特有，故文中不再赘述。

---

① 尔雅[M].郭璞，注.北京：中华书局，1985.
② 陆文郁.诗草木今释[M].天津：天津人民出版社，1957.
③ 苏颂.本草图经[M].尚志钧，校.北京：学苑出版社，2007.

第三章

率时农夫　播厥百谷——农事

周人对关中农业的开发始见于《大雅·生民》，这首诗是《诗经》中五篇周族史诗之一，叙述了周始祖后稷的事迹。后稷受封于邰（今陕西杨凌），当地有后人追念后稷的教稼台。后稷三传公刘，公刘率领族人从邰迁徙至豳（今陕西彬州市、旬邑县一带），从《大雅·公刘》中可以看出此时周人已经脱离了原始的游牧生活，走上了以农业为主的父系氏族社会。《大雅·绵》写公刘的九世孙古公亶父率族人迁徙至周原，建邦立国。从当时的实际情况看，周人已进入比较成熟的农业文明时代，古公亶父率众迁徙的根本目的是寻求更佳的农业资源与条件。由于当时生产力水平的制约，农业资源与条件集中体现在对自然物力的利用上。周原临水，土壤肥沃，"周原朊朊，堇荼如饴"，表明该地区很适合居住生活，于是周人在这里"曰止曰时，筑室于兹"。从此，周人的农事发展有了更大空间。

第一节　农事发端

周人对关中农业的开发，始见于《大雅·生民》："厥初生民，时维姜嫄。生民如何？克禋克祀，以弗无子。履帝武敏歆，攸介攸止。载震载夙，载生载育，时维后稷……"这里叙述了周人始祖后稷神奇出生、发明农耕、教民稼穑、建国邰地的历史，具有浓厚的神话色彩，也有周史官加工的痕迹。关于周始祖后稷出生的神话故事，在《史记·周本纪》《尚书》等文献中均有类似的记载，只要我们揭开姜嫄"履迹感孕"的神秘面纱，便知此时正是周族形成时期，也是周人由母系氏族向父系氏族过渡的时期，后稷是周族最早的男性祖先。同时，"履迹感孕"的故事说明周人处在"族外婚"阶段，是姜、姬两族长期联姻的写照，也成为炎、黄部落在关中地区融合的标志。周人正是炎、黄部落在关中大地融合产生的一代新人。

《大雅·生民》曰："诞实匍匐，克岐克嶷，以就口食。蓺之荏菽，荏菽旆旆，禾役穟穟，麻麦幪幪，瓜瓞唪唪。"意思是说后稷出生后就会爬行，不久就能站立行走，并且会自己寻找食物、会种植大豆。后稷种植的大豆枝叶茂密，禾穗沉甸，粟苗成行，麻麦茂盛，瓜果果实累累。这些都说明后稷有着与生俱来的种植才能。《大雅·生民》篇与司马迁《史记·周本纪》关于后稷的记载十分吻合。

《史记·周本纪》云："弃为儿时，屹如巨人之志。其游戏，好种树麻、菽，麻、菽美。及为成人，遂好耕农，相地之宜，宜谷者稼穑焉，民皆法则之。帝尧闻之，举弃为农师，天下得其利，有功。帝舜曰：'弃，黎民始饥，尔后稷播时百谷。'封弃于邰，号曰'后稷'，别姓姬氏。"①

这里有三层意思：一是周始祖弃从小有大志，喜好种谷植麻；二是弃成人后更加喜善农耕，能根据土壤状况因地制宜种植各种作物，百姓们都向他学习栽培技术；三是尧知道弃的事迹后，推举他为农官教民稼穑，百姓收获很多，舜为了表彰他的功劳而赐他姬姓，将邰国作为他的封地。

后稷封地邰国位于国家级现代农业开发区——陕西杨凌，这里有后世追念农业始祖后稷而建的教稼台，后稷教民稼穑的故事在民间流传至今。考古工作者在杨凌邰城遗址发掘出了有邰时期丰富的文化遗存，附近还有多处早周文化遗址，有大量农具和规模惊人的窖仓群，足以证明周人以农立国、发祥于邰的说法绝非无根想象之言。

后稷三传公刘，公刘因夏失德而迁于豳。"公刘虽在戎狄之间，复修后稷之业，务耕种，行地宜，自漆、沮度渭，取材用，行者有资，居者有蓄积，民赖其庆。百姓怀之，多徙而保归焉。周道之兴自此始。"这是周人为逃避与夏王朝的矛盾冲突而进行的一次大迁徙，公刘带领族众迁居农业尚未开发的豳地重振祖业、大兴农耕，亲自勘察山水地形、泉流走向，规划农田，勘察地界。周人在豳地锐意垦拓，开创了一个地广而财富、德行而民众的局面。

《大雅·公刘》曰："笃公刘，匪居匪康。乃场乃疆，乃积乃仓。乃裹糇粮，于橐于囊。思辑用光，弓矢斯张。干戈戚扬，爰方启行……"这首诗歌颂了公刘率领族人从邰迁豳的伟大业绩，他既是一位忠厚长者，也是父系氏族公社的家长。从《公刘》篇看，周人已脱离原始的游牧生活，

---

① 司马迁.史记[M].北京：中华书局，1959.

走上以农耕为主的定居生活。《公刘》篇塑造了公刘部落首领的英雄形象，忠于本族，勤于政务，不怕劳苦，每事必躬，受到民众拥戴。"行者有资，居者有蓄积，民赖其庆。百姓怀之，多徙而保归焉。周道之兴自此始……"部族歌颂公刘说："这个性情忠厚的公刘啊，把田地开垦出来，把地界划分清楚，就在田野里种稻、麦。这个性情忠厚的公刘啊，分定低田与高地，抽着十里一成的田税，充实国家的粮食。他这样爱惜百姓，百姓送什么给他呢？是那美玉和嵌玉的佩刀！"①

周人以农治豳，在豳地苦心经营了500年，终于使豳地成为中国又一个农业发祥地，《诗经》中的大量篇幅都可证明这一点，《史记·周本纪》也将此事载入史册。公刘逝世后，人们为了纪念他的功德，修建了一座公刘墓。该墓位于今咸阳市彬州市东20千米的土陵村南、泾河南岸，墓冢高50米，周长1500米，顶部平坦，略呈梯形，墓地总面积达33万余平方米。该墓因地处"四山屏合，群峰揖拱"之中，故有"周陵蟠龙"之称。②

唐代有一通《姜嫄公刘新庙碑》，是目前已发现的记载周人始祖业绩最早的碑刻，现藏于彬州市文化馆内。碑文共1620余字，记载了姜嫄生后稷、公刘迁豳的事迹，表达了后人对他们的崇敬之情。馆内还展出了当地发掘出土的周人使用过的石斧、石锛、石铲等生产工具和一些陶器，它们是周先民们在此艰苦创业、开拓农业之路的实物见证。

到古公亶父时期，豳地人畜兴旺、岁有余粮，这种局面很快引起西北游牧民族部落的侵扰，周人多次以财物相赠，以求息事宁人，但始终无法满足他们的贪欲，一场血战无法避免。古公亶父是一位忠厚长者，他不愿部族流血牺牲，决定举族南迁于渭水之滨、岐山脚下。《大雅·绵》

---

① 郭琦. 陕西五千年[M]. 西安：陕西师范大学出版社，1989.
② 中国地方志集成编委会. 中国地方志集成[M]. 南京：凤凰出版社，2007.

曰:"古公亶父,来朝走马。率西水浒,至于岐下。"周人因祸得福,来到了一个更加适宜农耕的地方,"周原膴膴,堇荼如饴"。周原土地肥美,宜农宜耕,连野菜都是香甜的。从此,周人的农事发展有了更大空间,周族从此兴盛。

第二节 农作物

《诗经》中提到的关中农作物不少，诸如《齐风·甫田》中的"黍稷稻粱，农夫之庆"，《豳风·七月》中的"九月筑场圃，十月纳禾稼。黍稷重穋，禾麻菽麦"等。但古汉语常常一字多义，古代史料言简义繁，由此造成古书中往往一种农作物有多个名称，不同时期同一作物名称亦不同，谷物有泛称与专属名称相混淆的现象，不可不辨。

一、粟

粟是我国黄土地产生的原生物种，大概产生于一万年前。西安市临潼区白家遗址出土的粟是目前我国已发现的最早的古粟，远远早于西安半坡遗址与河北武安磁山遗址出土的古粟。在西安半坡遗址发现了一个拳头大小的陶罐，里面存放着已碳化的古粟种子，在另一地穴窖藏中发现了数斗已碳化的粟壳，说明半坡时期的古粟

粟

生产已初具规模。

在《诗经》中,《小雅·小宛》有"交交桑扈,率场啄粟"之句,《小雅·黄鸟》有"无集于谷,无啄我粟"之句,说明粟在周秦时代的关中是主要粮食作物。粟在《诗经》中多次出现,后世学者对此多有不同见解。有学者认为,在不同历史时期,粟的名称不同。春秋以前称粟为稷,战国至两汉称其为禾。《说文解字·禾部》有"粟,稷也,从禾卤声",又"稷,粟也,五谷之长,从禾畟声",粟、稷二字互训。古文字学家于省吾先生考证《说文解字》的说法,认为甲骨文的"稷"就是"粟"。进入西周、春秋时代,稷成为粟的常见称呼。《史记·周本纪》记载:"命南宫括散鹿台之财,发钜桥之粟,以振贫弱萌隶。"《小雅·楚茨》曰:"自昔何为?我艺黍稷。我黍与与,我稷翼翼。"《王风·黍离》曰:"彼黍离离,彼稷之苗……彼黍离离,彼稷之穗……彼黍离离,彼稷之实……"

黍和粟都具有耐旱的特性,在古代都是我国北方最主要的农作物。"黍""稷"连称,说明两者同时同地生长;"黍""稷"对称,说明两者的长相不同。夜郎国犍为郡舍人的《尔雅注》记载:"稷,粟也。"三国孙炎注《尔雅》、后汉服虔注《汉书·宣帝纪》、西晋郭璞注《穆天子传》都说稷即粟。《西安地区最早的农耕部落——白家人》一文中提到:"白家人是黄土高原上开拓原始农业的先驱,也是我国粟类作物迄今发现最早的种植者。在白家遗址中,除发现粟壳外,还有存放在窖穴和随葬陶罐里的粟壳遗物。"① 由此可见,粟是黄土高原地区的原生物种,耐旱性极强,且管理方法简单,是原始先民的首选。

《西安半坡》一书记载:"在遗址中,几处都发现了粟的痕迹,在一座房子下面发现了一个小陶罐,罐中保存着完好的种子皮壳,颗粒

---

① 陈正奇.西安地区最早的农耕部落——白家人[J].西安教育学院学报,2001.

虽已腐朽，而粟粒的皮壳却清晰可辨。另外一个小地窖里，发现有储存的粟米堆积，腐朽的皮壳就有数斗之多。这就充分说明了当时粟的生产有一定数量的储存，证明粟在人们生活中所占的重要地位。"①《新中国的考古发现和研究》一书中说，仰韶文化居民种植的农作物主要是粟，它宜于黄土地带生长、耕作简单、成熟期短又宜保存。半坡遗址的瓮、罐和室内小窖里都发现了被鉴定为粟的遗物，有的粟多达数斗。在华州区泉护村、洛阳王湾的陶器中也都发现有可能是粟的遗物。大汶口文化以农业经济为主，同黄河流域其他原始文化一样，主要种植的是粟。三里河遗址的一个大型窖穴中发现有一立方米左右的粟粒。②这些考古发现说明黄河中下游从西到东的仰韶文化、大汶口文化等原始氏族社会时期就已大量种植粟这种农作物，储量之多动辄"多达数斗"或"一立方米左右"。巩启明在《姜寨遗址考古发掘的主要收获及其意义》一文中说，临潼姜寨一、二期房址内均发现有粟的遗留物。③《考古》1959年第2期刊登的《陕西华县柳子镇考古发掘简报》一文提到，华县（今渭南市华州区）泉护村210号房址的灶坑内发现草木灰内夹杂有小米的外壳。④《考古》1962年第2期发表的《陕西邠县下孟村仰韶文化遗址续掘简报》指出，在邠县（今咸阳市彬州市）下孟村圆形袋状灰坑内发现有粟壳的残迹。⑤《辞海》注："稷，我国古老的食用作物，即粟。"由此可以肯定，春秋以前粟就是稷。

---

① 西安半坡博物馆. 西安半坡[M]. 北京：文物出版社，1982.
② 中国社会科学院考古研究所. 新中国的考古发现和研究[M]. 北京：文物出版社，1984.
③ 巩启明. 姜寨遗址考古发掘的主要收获及其意义[J]. 人文杂志，1981.
④ 黄河水库考古队华县队. 陕西华县柳子镇考古发掘简报[J]. 考古，1959.
⑤ 李诗桂. 陕西邠县下孟村仰韶文化遗址续掘简报[J]. 考古，1962.

二、禾

一般认为禾最初指粟,但后来泛指一切谷物。禾,从甲骨文字形看,"上象穗与叶,下像茎与根",像谷类作物抽穗后的样子。罗振玉先生认为,禾即粟。①《说文解字·禾部》称:"禾,嘉谷也。以二月始生,八月而熟,得时之中,故谓之禾。禾,木也。木王而生,金王而死。"所以"禾"最初是专有名称。段玉裁《说文解字注》称:"嘉谷之连稾者曰禾,实曰粟,粟之人曰米,米曰粱,今俗云小米是也。"

《大雅·生民》曰:"蓺之荏菽,荏菽旆旆,禾役穟穟,麻麦幪幪,瓜瓞唪唪。"禾与几种作物并列在一起,只能解释为一种作物。《豳风·七月》曰:"九月筑场圃,十月纳禾稼。黍稷重穋,禾麻菽麦。"唐代孔颖达《疏》曰:"苗生既秀谓之禾,种植诸谷名为稼。禾稼者,苗秆之名。"清代陈奂在《诗毛氏传疏》中说:"禾、麻、菽、麦,判然四物。"由此可见,《豳风·七月》中的第一个"禾"是谷物的泛称,第二个"禾"是谷物特指。

三、其他农作物

1. 黍

黍,《辞海》注:"植物名,亦称'黍子''糜子''稷'。一年生草本。秆直立,被茸毛。叶线状披针形。生育期短,喜温暖,不耐霜,抗旱力极强。"我国北方栽培较多,籽粒供食用或酿酒。西安市临潼区姜寨遗址出土的黍壳和朽灰的年代距今5500—5000年。李时珍《本草纲目》记载:"稷与黍,一类二种也。黏者为黍,不黏者为稷。稷可作饭,黍可酿酒。犹稻之有粳与糯也。"《齐民要术》记载:"春月种,宜用下土,茎高丈

---

① 罗振玉.增订殷虚书契考释(中)[M].东方学会,1927.

余,穗大如帚,其粒黑如漆,如蛤眼。熟时刈成束,攒而立之,其子(籽)作米可食,余及牛马,又可济荒。其茎可作洗帚,秸秆可织箔编席夹篱供爨。"黍对土壤条件要求不高,抗旱抗风能力强,经济价值高,是周代最主要的粮食作物之一。

2. 谷和粱

谷,最初用作谷类作物的总名。"谷者,五谷之总名。"①

黍

《周颂·载芟》曰:"播厥百谷,实函斯活。"《小雅·大田》曰:"播厥百谷,既庭且硕。"《豳风·七月》曰:"亟其乘屋,其始播百谷。"《周颂·良耜》曰:"播厥百谷,实函斯活。"《周颂·噫嘻》曰:"率时农夫,播厥百谷。"因此,《说文解字·谷部》解释:"谷,续也,百谷之总名,从禾殼声。"《小雅·黄鸟》曰:"黄鸟,黄鸟,无集于桑,无啄我粱。"《唐风·鸨羽》曰:"王事靡盬,不能艺稻粱。"《小雅·甫田》曰:"黍稷稻粱,农夫之庆。"《说文解字·米部》解释:"粱,米名也。"李时珍《本草纲目》记载:"粱者,良也,谷之良者也。"所以,粱是农作物中比较优良的品种。

3. 糜和芑

这两个字均出自《诗经》,且都是二字合用。《大雅·生民》曰:"诞降嘉种,维秬维秠,维糜维芑。恒之秬秠,是获是亩。恒之糜芑,是任是负,以归肇祀。"周人认为糜和芑都是天帝为后稷所降的嘉种。《毛传》曰:"糜,赤苗也;芑,白苗也。"郑玄笺:"糜,《尔雅》作虋,赤粱粟

---

① 贾思勰.齐民要术[M].缪启愉,缪桂龙,译注.上海:上海古籍出版社,2009.

也;芑,白粱粟也。"郭璞《注》云:"穈,今之赤粱粟;芑,今之白粱粟,皆好谷。"由此可见,穈和芑是指粟的两个品种。

4. 麻和菽

《史记·周本纪》记载:"弃为儿时,屹如巨人之志。其游戏,好种树麻、菽,麻、菽美。"朱熹《诗集传》云:"麻,谷名。子(籽)可食,皮可绩为布者。""苴,麻之有实者也。菽苴,谓拾取麻实以供食也。"由此可见,麻又叫苴,是一种食物。《天工开物》记载:"胡麻即脂麻,相传西汉始自大宛来。古者以麻为五谷之一。若专以火麻当之,岂有当哉?窃意诗书五谷之麻,或其种已灭,或即菽粟中之别种,而渐讹其名号,皆未可知也。"依此意,虽然现在无可考证,但麻确实是一种作物。《大雅·生民》曰:"蓺之荏菽,荏菽旆旆。"《豳风·七月》曰:"七月烹葵及菽。"《小雅·采菽》曰:"采菽采菽,筐之筥之。"朱熹《诗集传》云:"菽,豆也。"《尔雅翼》称:"菽,豆也。其类最多,故凡谷之中居其二。又古人说百谷。以为粱者,黍稷之总名。稻者,溉种之总名。菽者,众豆之总名。"以此为据,菽就是豆类的总称。

麻

菽

5. 麦

《鄘风·载驰》曰:"我行其野,芃芃其麦。"《魏风·硕鼠》曰:"硕鼠硕鼠,无食我麦。"《豳风·七月》曰:"黍稷重穋,禾麻菽麦。"《周颂·臣工》曰:"於皇来牟,将受厥明。"《鲁颂·闭宫》曰:"黍稷重穋,稙稚菽麦。"《诗经》中许多篇章都提到麦,可见麦在当时是一种很普遍的农作物。麦在古代又叫来、牟或䅘。王晖先生在《古史传说时代新探》一书中系统论述了麦在中原的种植:"《周颂·思文》:'思文后稷,克配彼天。立我烝民,莫匪尔极。贻我来牟,帝命率育。无此疆尔界,陈常于时夏。'此篇歌颂了后稷在种植大小麦方面的贡献……而且在龙山文化遗址中发现墙土中掺和的禾秆为麦秸秆,说明当时关中地区已经栽培种植小麦。"由此可见,关中先民在新石器时代就已经种植麦,并在商周时期有了进一步发展。

麦子

---

① 王晖.古史传说时代新探[M].北京:科学出版社,2009.

第三节 农具

春秋战国时社会生产力的巨大发展从铁器的使用开始。《秦风·驷驖》中提到"驷驖孔阜,六辔在手。公之媚子,从公于狩。"[①]说明当时铁器已经产生。在秦公一号大墓中发现有铁器遗存,依此判断秦国是在春秋初期率先使用铁器的地区。铁农具的产生标志着石器时代的终结,它是原始农业向传统农业过渡的决定性因素。铁农具是精耕细作技术的先决条件,自其诞生之日起,不但以强大的力量影响着农业生产,而且影响着人类社会的进步与发展。以此为起点,秦穆公称霸西戎,秦献公继而新政,秦孝公任用商鞅全面变法,秦王嬴政"奋六世之余烈",统一六国。

一、耒和耜

《豳风·七月》曰:"三之日于耜,四之日举趾。"《小雅·大田》曰:"既种既戒,既备乃事。以我覃耜,俶载南亩,播厥百谷。"《诗经》中虽然没有提到耒,但耒和耜的研究是分不开的。关于耒和耜,说法不一。一种说法认为耒耜是古代耕地翻土的农具,耒是耒耜的柄,耜是耒耜下端起土的部分。郑玄注《礼记·月令》说:"耒,耜之上曲也;耜,耒之金也。"

[①] 周振甫.诗经注译[M].北京:中华书局,2002.

另一种说法认为耒、耜为两种农具。《易经·系辞》曰:"神农氏作,斫木为耜,揉木为耒,耒耜之利,以教天下。"还有一种说法认为耒耜是农具的总称。《孟子·滕文公上》曰:"陈良之徒陈相,与其弟辛,负耒耜而自宋之滕。"清代谭嗣同《仁学》中有"敌既压境,始起而夺其农民之耒耜,强易以未尝闻之后膛枪炮,使执以御敌,不聚歼其兵而馈械于敌,夫将焉往?"笔者认为,这种说法符合我国语言习惯,类似于用"黔首"指代平民百姓。

关于耒,《说文解字》解释为:"耒,手耕曲木也。古者垂作耒耜,以振民也。"关于耒的用法,《周礼·考工记》曰:"坚地欲直,柔地欲句,直则利推,句则利发。"意思是说,耒有直尖耒和斜尖耒,坚硬的土地用直尖耒,疏松的土地用斜尖耒即可。夏纬瑛先生在《吕氏春秋上农等四篇校释》中提到:"耒耜是一种手耕曲木,下端接耜。人以手持耒,一足踏耜,刺地而耕。"马承源在《中国古代青铜器》一书中说:"耒原是一种有两齿的掘土农器,原始的耒是用树杈做成的,后来则发展成青铜耒。目前发现的还不多,仅上海博物馆藏有一件西周铜耒,长16.8厘米,齿距6.8厘米,木柄早已不存,保留下来的仅是青铜

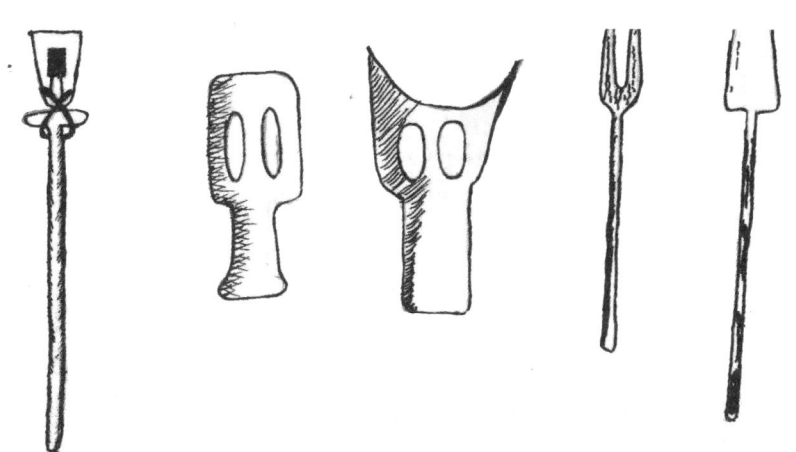

各种耒耜

耒头,形状如杈,扁齿,有方銎。"① "考古资料证明,早在我国仰韶文化时期即开始使用木耒农具。此时所使用木耒还是尖头木棒式,在西安半坡仰韶文化遗址里有一些半地穴式的坑道,这是半坡人的房屋地基或贮藏室,在坑道的土墙上往往留有圆形工具或扁平工具挖掘的痕迹,这些长条状斜痕有很多交错重叠现象,从痕迹看它是尖头耒式工具留下的。"② 西汉京房注《易》云:"耜,耒下耓也;耒,耜上句木也。"由此可知,耜是装在耒下端的铲板叶,以木块削成;耒是装在耜上的木柄,用木棒曲成;耒与耜是相互依附关系。元代王祯在《农书·耒耜门》中比喻得很恰当:"耒耜两物而一事,犹杆臼也。"

关于耜,《周礼·考工记·匠人》记载:"耜广五寸,二耜为耦,一耦之伐,广尺深尺谓之甽(圳)。""'车人'为耒。庛长尺有一寸,中直者三尺有三寸,上句者二尺有二寸。自其庛,缘其外,以至于首;以弦其内,六尺有六寸,与步相中也。坚地欲直庛,柔地欲句庛;直庛则利推,句庛则利发;倨句磬折,谓之中地。"王宏武在《周耜略议》中提到:"在扶风考古发现……有关农业生产的文物中,有一件石耜,全部石质,耜长约39厘米,宽处最下部直线处约9厘米,刃部曲线处约11厘米,有点像桨形,有石孔一,便于缚柄。上有耜柄,便于使用,柄上安有横木。"③ 耒是一根尖头木棍加上一段短横梁,使用时把尖头插入土壤,用脚踩横梁使木棍深入,然后翻土。改进的耒有两个尖头,或有省力曲柄。耜与耒类似,但尖头成了扁头,类似于今天的锹、铲。陈文华在《中国农业百科全书·农业历史卷》总结各学者研究结果后认为:"耒耜是两种农具。耒的下端是尖锥式的,耜的下端是平叶式的。耒是从采

---

① 马承源.中国古代青铜器[M].上海:上海人民出版社,1982.
② 刘亚中."耒"的演变与"犁"的产生[J].中国农史,1997.
③ 王宏武.周耜略议[J].农业考古,1988.

集经济时期挖掘植物的尖木棍发展而来的,以后在下端安一横木便于脚踏,入土容易。再后单尖演变成双尖,称为双齿耒。单尖木耒的刃部发展成扁平的板状刃,就成为木耜。它的挖土功效比耒大,但制作也比耒复杂,需要用石斧将整段木材劈削成圆棍形的柄和板状刃,即所谓神农'破木为耜''斫木为耜'。早期的耒耜都是木质的,因此不易保存下来。"①在河南偃师二里头遗址、河南安阳殷墟遗址、山西襄汾陶寺遗址、西安临潼姜寨遗址等地的考古发掘中,都发现了使用双齿耒挖土时留下的痕迹。

综上所述,耜是耒的进一步发展,入土面积比耒大。在古代农业中,耒耜起到了重要作用。

二、耦

《周颂·载芟》中有"千耦其耘,徂隰徂畛",学者大多认为耦既是生产工具,又表示耕作方式。这里先谈耦作为一种生产工具的情况。《说文解字》曰:"耦,耒广五寸为伐,二伐为耦。从耒禺声。"《周礼·考工记·匠人》记载:"耜广五寸,二耜为耦。"《国语·吴语》记载:"譬如农夫作耦,以刈杀四方之蓬蒿。"《论语·微子》中的"长沮、桀溺耦而耕",是说长沮、桀溺两个人手拿耦在耕作。

从字的结构看,"耦"是"耒"与"禺"组合的形声字,以此判定它的用途和耒基本一致,而禺有二、双等意思,耦即将两个类似于耒的工具组合在一起。但是从考古发掘来看,耦作为一种农具使用并不长久而广泛。在以总结前代农具为主要内容的元代王祯《农书》中,也没有提到耦这种农具。可见,耦作为一种耕作方式更为普遍。

---

① 陈文华.中国农业百科全书·农业历史卷[M].北京:中国农业出版社,1991.

三、其他生产工具

1. 铲

在先秦文献中，"铲"又被称为"钱""铫"或"划"。《周颂·臣工》中有"命我众人，庤乃钱镈，奄观铚艾"的记载。从考古发现看，关中地区早在新石器时代就出现了铲。"在他们的经济生活中，农业生产占有很重要的地位。当时金属工具还没有出现，人们从事生产使用的还是用石头、兽骨、鹿角和陶片等制造的工具。在关中新石器时代遗址中发现的生产工具达六百二十一件之多，主要是石斧、石铲、石锄、陶刀、石刀、骨铲和一些经过打制的粗糙的石制工具。石铲用于翻土或松土，形状扁薄而宽，刃部锋利，其柄和用法同今日的锹相仿。播种谷物时，人们用骨铲和木质的掘土棒之类的工具点种。"① 从《半坡遗址生产工具统计表》可以看出，半坡遗址出土各类铲状石质工具13件。

2. 锄

在先秦文献中，"锄"被称为"镈"。《周颂·良耜》曰："其镈斯赵，以薅荼蓼。荼蓼朽止，黍稷茂止。"《国语》注、《管子》注、《释名·释用器》、《广雅·释器》等均训"镈"为"锄"。锄的形制很多，有长条形锄片，分无銎形和卷銎形两种；有各种形状的锄刃套，如鹤嘴形、空头长条形、"回"字形、"凹"字形、马蹄铁形、"V"字形等。② 大约到了春秋时期，从锄中分化出耨，是一种短柄宽刃的金属锄，适于蹲着或俯身在垄行间除草间苗。③ 陕西临潼西周墓葬出土锄3件④，西安半坡出土锄19件。

---

① 西安半坡博物馆.西安半坡[M].北京：文物出版社，1982.
② 陈振中.青铜农具——镈[J].古今农业，1991.
③ 李根蟠.中国古代农业[M].北京：中国国际广播出版社，2010.
④ 临潼文化馆.陕西临潼发现武王征商簋[J].文物，1977.

3.镰

在原始农业时期,石刀是最早的收获农具。后来,人们对石刀进行改进,演变成石镰。镰属于长条形带锯齿刃的收割工具,也就是《周颂·臣工》中所说的"艾"和"铚"("庤乃钱镈,奄观铚艾")。进入商周时期,由于青铜铸造工艺的发展,出现了青铜镰刀。春秋时期出现铁质镰,到了战国时期铁农具大为盛行,铁镰成为最主要的收割农具。《管子》曰:"今铁官之数曰……耕者必有一耒、一耜、一铫,若其事立。""一农之事,必有一耜、一铫、一镰、一耨、一椎、一铚,然后成为农。"①镰是农夫必备的铁农具之一,使用历史源远流长。西安沣西遗址出土石镰3件,"长三角形,中间略呈弧形。内侧有刃,刃部有不规整的小齿"②。陕西省淳化县出土石镰1件,"通体磨光。长条形,弧背,弧刃,双面刃较锐"③。此外,1953年在山东济南大辛庄出土青铜镰刀13件,"分二式,一式不甚规则,长条扁平,石质坚细,近于现在的镰形;二式磨制细致,刃部锋利"④。1975年在安徽省含山县孙家岗出土青铜镰刀1件,"背部稍成弧形,刃部残存细小的锯齿一排"⑤。可见,

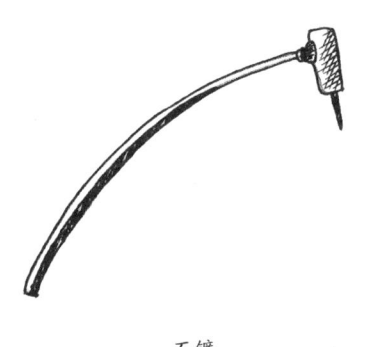

石镰

---

① 戴望诸子集成:管子校正[M].北京:中华书局,1954.
② 徐良高.1997年沣西发掘报告[J].考古学报,2000.
③ 李成,钱耀鹏,魏女.陕西淳化县枣树沟脑遗址先周时期遗存[J].考古,2012.
④ 杨子范.济南大辛庄商代遗址勘察纪要[J].文物,1959.
⑤ 吴兴汉.安徽含山县孙家岗商代遗址调查与试掘[J].考古,1977.

战国时期铁镰的使用区域已相当广泛，不单限于古代陕西境内。

4.石磨和杵臼

石磨和杵臼都是粮食加工工具。石磨盘是用长方形或椭圆形的平光而扁薄的石板做成，一般长20-30厘米。石杵是一种用石头制成的，用来脱壳、碾磨或捣碎石臼中粮食的工具，有圆锥形和梯形状。① 在西安半坡和临潼姜寨的仰韶文化遗址发掘中，出土了大量的石磨盘、石磨棒、石杵和石臼。此外，陕西省潼关县南寨子遗址出土石磨盘和石磨棒各1件，石磨盘"器身扁平，平面呈圆角长方形，腰部略内凹，周边为刃"②。石磨棒"长条形，略扁平，断面呈椭圆形"③。"在我国各地都出土不少石磨盘和石磨棒，其中年代较早的是裴李岗文化，到了仰韶文化和龙山文化，石磨盘却渐渐稀少。这一事实说明，石磨盘在研磨谷物中的地位下降了，有新兴的研磨工具兴起，就是杵臼的崛起。"④ 西安市高陵区杨官寨遗址出土石杵1件，"灰黑色青石质，平面呈梯形，双面刃"。今陕西省彬州市水北遗址出土石杵2件，均为圆锥形，"砾石，磨制，底部因使用而略有残缺"⑤。

---

① 王炜林，张鹏程等.陕西高陵杨官寨遗址发掘简报[J].考古与文物，2011.
② 王炜林，郭小宁等.陕西潼关南寨子遗址发掘简报[J].考古与文物，2011.
③ 王炜林，郭小宁等.陕西潼关南寨子遗址发掘简报[J].考古与文物，2011.
④ 宋兆麟.我国的原始农具[J].农业考古，1986.
⑤ 田亚岐，瞿霖林等.陕西彬县水北遗址发掘报告[J].考古学报，2009.

第四节 耕作方式

先秦时期的耕作方式有耦耕、火耕、中耕等。

一、耦耕

《周颂·噫嘻》有"亦服尔耕,十千维耦"之句,说明耦耕这种耕作方式在历史上是存在的。但对于耦耕的认识分歧较大,学者看法大体可归纳为以下四种(以郭文韬先生的《中国古代的农作制和耕作法》[①]一书为依据):

1. 二人并耕说

《论语·微子》注中说"耦,并耕也","二人相并为耦"。《沟洫疆理小记·耦耕义述》中说:"二人并二耜而耦耕之,合力同奋,刺土得势,土乃迸发。"

2. 二人对耕说

宋代林希逸在《考工记解》中说:"耦耕者,二人对耕也。"孙常叙先生在《耒耜的起源及其发展》一书中认为"耦耕是两人一组面对面一蹠一拉,共发一耜的耕地方法",就是"两个人,一个跖耒入土,一个拽耜发土"[②]。

---

① 郭文韬.中国古代的农作制和耕作法[M].北京:农业出版社,1981.
② 孙常叙.耒耜的起源及其发展[M].上海:上海人民出版社,1959.

3. 一人扶犁一人拉犁说

清代阮福在《耒耜考》中说："今黔中爷头苗在古州耕田全用人力，不用牛。其法：一人在后推耒首，一人以绳系磐折之上，肩负其绳，向前曳之，共为力，此即耦耕之遗欤。"陆懋德先生在《中国发现之上古铜犁考》一文中认为："二人同时工作，即一人在后扶犁，一人在前拉犁，如此二人并耕，是之谓耦也。"

4. 一人耕一人耰说

此说以万国鼎先生在1959年《农史研究集刊》上发表的《耦耕考》为代表。

郭文韬先生认为："耦耕作为一种耕作法，不可能千篇一律、一成不变。在空间上的发展情况应该是多种多样、因地而异的；在时间上的发展应该是由低级到高级、由简单到复杂的。西周至春秋时期，人们从事农耕的地域已经相当辽阔，在这样辽阔的地域内，有着非常复杂的土壤条件，不可能设想无论在什么土壤上，都采取统一的耕作方法。譬如，在黏质土壤上，耕后容易出大土块，在这种土壤上，就适于采取一人耕一人耰，耕耰配合的耦耕方式；而在沙质土壤上，可能就适于采取一推一拉的耦耕方式。"① 所以，耦耕并非具体的耕作方式，而是多种耕作方式的总称。因此，耦耕就在不同时代、不同地区变换为不同的耕作方式。

二、火耕

《小雅·大田》曰："去其螟螣，及其蟊贼，无害我田稚。田祖有神，秉畀炎火。"《大雅·棫朴》曰："芃芃棫朴，薪之槱之。"《小雅·正月》曰："燎之方扬，宁或灭之。"《大雅·旱麓》曰："瑟彼柞棫，民所燎矣。"从这些诗句中都能看出火耕的痕迹。

---

① 郭文韬.中国古代的农作制和耕作法[M].北京：农业出版社，1981.

火耕，又称"刀耕火种"，是在"撂荒农作制时期，人们将已经丧失肥力的土地弃置，任其依靠自然植被自发地去恢复地力。因此，这些撂荒地上长满了各式各样的杂草或灌木。在撂荒多年后，人们重新耕垦，必须要经过先'烧薙杀草'[1]，然后再'耕田反草'两道工序，这就是火耕"。[2]西周至春秋时期，之所以要采用火耕的方法，首先是因为当时的生产工具落后，以耒耜之类的木、石制作的简陋农具为主；其次是由于人力耕作的耕地浅、质量差，单靠耕作难以消灭繁茂的树木和杂草，因此需要火耕。同时，草木灰对于增加土壤肥力具有重要作用。火耕与开荒密切相关，在某种意义上可以说是生产力发展水平的标志。

三、中耕

中耕是我国精耕细作农业传统的重要组成部分，在商周时期逐步形成，春秋战国时期得到推广，秦汉、魏晋南北朝时期不断成熟。中耕始于田间去除杂草。原始先民播种谷物后，杂草成为危害农作物生长的劲敌，除草成为管理田间的首要任务。

先民最初用手拔草，但这种方法不但伤手，而且长时间弯腰伤害身体，劳动效率低。于是，原始先民发明了铲。但是，并非所有的铲都适合除草，只有一些器身较小且轻薄锋利的铲才能除草。除了铲之外，还有被称为锄的农具，在西安半坡和汉中城固等新石器时代文化遗址中均发现有石锄。由此可知，中耕技术早在石器时代就已经产生，但由于当时的农业处于粗放的耕作状态，因此中耕受到很大限制。到西周时期，铲和锄多为石制、蚌制或骨制。春秋战国时期，随着铁器的广泛使用，

---

[1]《礼记·月令》中记载："是月也，土润溽暑，大雨时行，烧薙行水，利以杀草，如以热汤，可以粪田畴，可以美土疆。"

[2] 郭文韬. 中国古代的农作制和耕作法[M]. 北京：农业出版社，1981.

中耕农具铁质化，中耕技术普遍推广，不仅降低了劳动强度，还提高了效率。

《吕氏春秋·辨土》中提到解决"地窃""苗窃""草窃"，才能"粟可多"，即通过中耕使农业生产从粗放经营走向精耕细作。《诗经》中有关中耕的例子很多，例如《周颂·噫嘻》曰："骏发尔私，终三十里。亦服尔耕，十千维耦。"《小雅·甫田》曰："今适南亩，或耘或耔"。《管子·轻重》曰："一农之事，必有一耜、一铫、一镰、一耨、一椎、一铚，然后成为农。"其中"铫"（一种大锄）、"耨"（除草的农具）都可作为中耕工具。《管子·治国》曰："耕耨者有时，雨泽不必足，则民倍贷以取庸矣。"《韩非子·外储》曰："如是耕者且深，耨者熟耘也。"《孟子·梁惠王》有"深耕易耨"，"使不得耕耨"。由此可见，春秋战国时期人们已经认识到适时耕耨可以提高作物产量。

第四章

维天之命　于穆不已——政治

周朝是我国历史上典型的贵族专制王朝，周初经过周公制礼作乐，奠定了以宗法制为核心的统治基础。《诗经》是周代礼乐制度的艺术载体，自诞生之初就被赋予了"经夫妇，成孝敬，厚人伦，美教化，移风俗"等政治教化作用，尤其是在祭祀诗、祝颂诗、讽谏诗及记录周王燕饮活动的诗歌中，最能体现周人的政治文化和政治思想。

第一节 祭祀

我国古代祭礼历史悠久，在周代就已经基本形成。在当时众多的典礼中，祭礼无疑占据着相当重要的地位。刘师培在《古政原始论·礼俗原始论》中说："古代礼制悉赅于祭礼之中，舍祭礼而外，固无所谓礼制也。"[①]祭礼包括祭祀仪式、祭祀制度及祭祀观念。周代的祭祀仪式以天神崇拜和祖先崇拜为主，周人通过固定的程式和规范的行为，虔诚地向神灵和祖先献上丰厚的祭品，请求他们帮助自己实现愿望。《诗经》保留了我国最古老的祭祀诗，蕴含着深厚的文化内涵和浓郁的宗教气息，生动形象地向我们展示了周至殷商，乃至远古社会人们的思想信仰和仪式生活。

一、《诗经》中的祭祀诗

狭义的祭祀诗，是上通天神以祈福禳灾的诗歌；广义的祭祀诗，将涉及祭祀礼仪的诗歌都视为祭祀诗，包括祝祷诗、颂赞诗和部分农事诗。按照祭祀对象划分，《诗经》中的祭祀诗可以分为天帝祭祀诗、祖先祭祀诗、山川祭祀诗、社稷祭祀诗、杂神祭祀诗。周人祭祀天帝常以祖先配祭，因此本文将此类诗归为祖先祭祀诗。

---

① 刘梦溪.中国现代学术经典[M].石家庄：河北教育出版社，1996.

在31篇《周颂》中，祖先祭祀诗占20篇，多为反映周武王、周成王时期祭祖之诗。《清庙》《维天之命》《维清》《天作》《我将》为祭祀周文王之诗，颂周文王之德。《烈文》是周成王祭祀祖先时诸侯助祭的诗。《执竞》为祭祀周武王之诗。《昊天有成命》乃祭周成王之诗。《思文》是祭祀后稷，歌颂其生民之德的诗，也有人认为此诗是豳地之颂。《臣工》为周王祭祀后稷，诸侯助祭于庙之诗，与当时周王举行"籍田礼"有关。《振鹭》是夏殷后裔来周助祭、周人作歌为舞之诗。《丰年》为秋收后祭祀祖先的诗。《有瞽》是一首合乐祭祖诗。《潜》为献鱼祭祖诗。《雝》为周武王祭祀周文王之诗，在祭毕撤去祭品时唱祷。《载见》为诸侯来朝助祭周武王之诗。《有客》为宋微子朝周祭祖庙，周王为其设宴钱行时所唱的乐歌。《闵予小子》为周成王遭周武王丧，告于宗庙之诗。《访落》是周成王朝周武王庙，和群臣商议国政的诗。《酌》为颂周武王之诗。《赉》是周武王克商，回到国都祭祀周文王之诗。《大雅》中有祭祖诗5篇，分别是《生民》《公刘》《绵》《皇矣》《大明》，都是周人在庙堂祭祀时回顾先祖建国立业，创下不朽功业的颂诗。《小雅》中祭祖诗有《楚茨》，《召南·采蘋》为女子祭祖诗。

二、祭祖诗的政治意义

1. 抬高祖先地位，神化统治

周人对于祖先的崇拜，来源于原始宗教的鬼魂信仰。先民们相信万物有灵且灵魂不灭，认为那些死去的万物和祖先具有神秘的力量，操控着人们的命运，因而祖先死后的亡灵成为本民族的保护神，受到后代的崇拜和祭祀。祖先崇拜分为敬祖和敬宗两种：父之父以上为"祖"，天子祖七庙，即祭祀父之父上六代及始祖；"宗"指自出之祖，周公祭祀周文王、周成王祭祀周武王，都可称为宗祀。

相比于殷商之祖先崇拜，周人的信仰自有特色，表现在祭祖诗中，一是抬高祖先的地位，使之与神灵平起平坐。在周以前殷人的信仰中，祖先虽然伟大，还是听命于天帝。周人则不然，这在《大雅·文王》中表现得很明显，"文王陟降，在帝左右"是说周文王神灵在天助天升降，常在天帝左右而非天帝之下。除此之外，周人祭祀天帝时常配先王，似乎其祖先具有与天帝直接对话的能力。如《周颂·思文》郊祭后稷以配天，"思文后稷，克配彼天"可以理解为后稷之功上与天齐。类似的还有《周颂·我将》，也是祭祀天帝，配祭周文王。

周人的祖先崇拜表现出的第二个特征，是认为周王统治天下，乃是上天的授意，即君权神授思想。《周颂·昊天有成命》言："昊天有成命，二后受之。"是说周文王、周武王统治天下，乃是来自上苍的天命。

总而言之，周人抬高祖先地位，大肆宣扬君权神授思想，背后都有深刻的政治内涵。周王借抬高祖先地位抬高自己，神化其作为"天帝之子"在人间统治天下的合理性，毫无疑问是为了增加周天子身份的神秘性，获得子民的信仰与依赖，以维护自身统治。

2. 宣扬孝道，加强家庭凝聚力

《礼记·祭统》曰："祭者，所以追养祭孝也。"[①] 祭祀是追思父母的养育之恩，是孝子在父母死后持续孝敬父母的方法。《周颂·闵予小子》曰："於乎皇考！永世克孝。"更进一步地说，祭祀实际上是周人对那些曾在周民族历史上做过杰出贡献的前辈和先人的报答与感恩。这些先祖的肉体虽早已化为尘土，但通过祭祀他们具有的勇往直前的开拓精神、为本民族立下的不朽功勋，让他们可以永远鲜活地存在于每一个后

---

① 十三经注疏整理委员会.礼记正义[M].北京：北京大学出版社，1999.

世子孙的脑海中,并成为后世子孙学习、仿效和感恩的对象。《周颂·维天之命》中有"於乎不显文王之德之纯。假以溢我,我其收之。骏惠我文王,曾孙笃之",就是赞颂周文王高尚的品德,表明后世子孙都将忠诚地尊其遗教并发扬光大。祖先作为整个部族代表,象征着全族的精神,孝敬祖先可以强化家族与部族观念、团结同姓血亲,对于巩固新生政权、维护统治阶层发挥着重要作用。这种祖先祭祀对于具有血缘关系的统治阶级内部来讲,祖先成为全族的保护神,加强了家庭的凝聚力与认同感,但对于没有血缘关系的外部诸族来说,却带有强烈的排他性。

3. 祖先崇拜也是英雄崇拜

《诗经》祭祖诗中所祭祀的对象,并非只是周族的历代祖先,还有那些曾为周族发展做出过杰出贡献的祖先,所以周人的祖先崇拜也是一种英雄崇拜。《大雅》中的5首祭祖诗——《生民》《公刘》《绵》《皇矣》《大明》,最能体现这种观念。《生民》追述周始祖后稷的事迹,歌颂了他在农业方面的杰出成就。《公刘》记述周人祖先公刘带领周族迁居豳地的故事,肯定了他在发展农业生产上的贡献。《绵》从古公亶父迁岐一直写到周文王继承伟业,使周族日益强大。《皇矣》先述古公亶公开辟岐山,击退昆夷;次写王季继承先业,传位周文王;最后讲述周文王伐崇伐密胜利之事。《大明》记录王季与

周文王像

太任、周文王与太姒结婚及周武王伐纣等事。这5首诗常被看作周族史诗，诗中记述的都是关系着周族生死命运的大事，追忆的都是历代有作为的祖先。这与《礼记·祭法》中的"夫圣王之制祭祀也，法施于民则祀之，以死勤事则祀之，以劳定国则祀之，能御大灾则祀之，能捍大患则祀之"①的记叙相吻合。

4. "以德配天"的天命观

《诗经》祭祖诗中多以周文王、周武王为主要祭祀对象，体现了周人"以德配天"的天命观，"天"指"天帝"，"德"即"道德"。西周天命思想认为，天子的权利是由上天授予的，并且天命是可以转移的。西周可以取代殷商执掌天下，得到天命的庇佑，乃是因为周文王、周武王之德。既然上天选择人间代理者的根据是"德"，那么"有德""敬德"就关系到是否能够获得上天庇佑及延续统治，所以在祭祖时要不断歌颂祖先厚德，激励后代子孙学习。《大雅·文王》曰："命之不易，无遏尔躬。宣昭义问，有虞殷自天。上天之载，无声无臭。仪刑文王，万邦作孚。"周人将周文王、周武王作为主要祭祀对象，固然有怀念祖先丰功伟绩的意图，现实目的却是为了肯定和强化"以德配天"的天命观，强化新王朝的统治，而这种诉求通过祭祀二王可以达到。

西周后期社会动荡，周厉王时的诗作已开始出现怨天之辞。《大雅·板》《大雅·荡》等诗中开始出现"上帝板板""天之方难""天之方虐""荡荡上帝，下民之辟。疾威上帝，其命多辟。天生烝民，其命匪谌"这样的诗句，但这并不是说"天"完全丧失了其在周人心中的权威，人们在怨天的同时仍然保留着"敬天之怒，无敢戏豫。敬天之渝，无敢驰驱"的敬慎态度。及至周幽王时代，责天之辞更加激烈。《小

---

① 礼记·孝经[M].胡平生，陈美兰，译注.北京：中华书局，2016.

雅·节南山》曰："昊天不佣，降此鞠讻。昊天不惠，降此大戾。"《小雅·雨无正》曰："旻天疾威，弗虑弗图。"这种对上天的责难，实际上是对不修德而失天命者的责难。

三、祭祖诗反映的祭祖礼

有关周天子祭祖礼的完整记录已经遗失，现结合《诗经》及礼书所记，以《礼记·礼运》为依据，参考孔颖达《疏》及《周礼》等有关内容，将祭祖礼概括如下：

祭祀前要占卜，肃戒，斋戒，准备物品。占卜包括占卜用牲、祭日与尸（尸为代表祖先接受祭祀的人）的人员。祭日要预先选好，然后通过占卜决定最终日期。将祭祀时间告诉参加者，称为肃戒。肃戒之后，即斋戒。周制大祭开始前，主祭者需要斋戒十日：七日散斋，不御、不乐、不吊；三日致斋，行斋戒之礼。需要准备的物品主要是酒食和牺牲，祭祀用的牲畜一般在三个月前占卜决定，选中的牲畜养在专门的牢中。不仅如此，祭祀前还要打扫宗庙，将祭品清理干净。《小雅·楚茨》曰："以为酒食，以享以祀……济济跄跄，絜尔牛羊，以往烝尝。或剥或亨，或肆或将。"

祭祖的正式仪式包括入场、降神、朝践、馈献、酳尸、旅酬。

祭祀的当天清晨，周王入庙门，乐官奏《王夏》作为行步的节奏；祝佐助尸入庙，奏《肆夏》。尸入室，王以酒灌菁茅行祼鬯之礼，礼毕作乐请神降临，降神行献礼，为一献、二献。降神后正式开始祭祀，行朝践礼，王杀牲，祝取血、毛告神，将牲首放在室中，将牲体分成七份，进献到尸主面前。朝践时又行献礼，为三献、四献。《小雅·信南山》曰："执其鸾刀，以启其毛，取其血膋。"朝践之后，将牺牲"是烝是享"，等到"苾苾芬芬"，便开始荐熟、馈饷神灵、献酒。馈献时行献礼,奏乐,此为四献、五献。正祭的第三个环节是酳尸,尸食毕,王献酒使少饮或漱口,为七献。尸用酒回敬王,王接受祝的祝福(称为嘏),为八献也。尸回敬后,王再献尸,为九献。这三献都要奏乐。《小雅·楚茨》中描写了尸嘏主人的场面:"我孔熯矣,式礼莫愆。工祝致告,徂赉孝孙,苾芬孝祀,神嗜饮食,卜尔百福。"祭祖的最后一个环节是旅酬。九献之礼结束后,堂上堂下奏乐跳舞,众人开始按照身份等级依次献酒加爵。旅酬之后,还有无算爵,众宾饮酒至醉而止。然后,尸离席而去,正祭结束,同族燕饮开始。《小雅·楚茨》最后一章:"乐具入奏,以绥后禄。尔肴既将,莫怨具庆。既醉既饱,小大稽首。神嗜饮食,使君寿考。孔惠孔时,维其尽之。子子孙孙,勿替引之。"文中描写的同族燕饮场面是何等欢快、畅意!

第二节 祝颂

祝颂是一种"文德"精神，体现了周人征服殷人后，为解决社会矛盾而构建的上层建筑和思想文化内涵。颂诗属于告神之辞[①]，一般由专门负责沟通天人的神官担任。祝颂同源，《周颂》之颂用于祝巫、祝颂，在《大雅》《小雅》中也能看到祝颂的诗句。

一、祝官与祝颂

据《周礼》记载，周代的职官分为天官冢宰、地官司徒、春官宗伯、夏官司马、秋官司寇、冬官考工记六大系统。其中，春官是执掌礼事的官，春官的长官为大宗伯，其下分为七类：第一类是掌管礼事的官，第二类是掌管乐事的官，第三类是掌管卜筮的官，第四类是祝巫之官，第五类是掌管历史与星历的官，第六类是掌管宗庙祭器的官，第七类是掌管文书收藏的官。告神之事与告神之辞主要由祝官负责，史官有时也会参与，在史官中有"作册"一职，职能就包括册告祖庙。祝官与史官告神的区别在于祝以口告，史以册告。

祝官擅长祈告之辞并且熟悉告神时的祭拜行为，祈告之辞的内容包括宗教和政治两个方面。就宗教方面而言，祝官负责告祭及大祭祀中

[①] 白川静.说文新义[M].日本六甲山：白鹤美术馆，1969.

祈告文辞的创作与使用。《周礼》记载祝官有掌"六祈"之说①,"六祈"之祭与通常例行的祭祀不同,属于"因事而告"。所告之事包括战前祭告上天与祖宗神,遭遇洪水、干旱等突发灾变或求雨等祝告。除此之外,祝官还执掌六祝之辞和辨别六号、九祭等。六祝指祈祷丰年之祝、年年吉利之祝、多福之祝、逢凶化吉之祝、风调雨顺之祝和远离天灾人祸、疾病灾难之祝。祝官掌握六祝之辞是为了祭祀人鬼、天地,以祈求幸福吉祥和长命百岁。号是祭祀时所使用的美称,不仅天、地、人、神、鬼有各自的尊号,就连祭祀所用的牲畜、谷物、玉帛等祭品也有严格的称号,这就要求告神之辞的创作者必须具备十分完善的祭祀知识,创作告神之辞必须体现出威仪与尊严。祝官在告神的时候,需要掌握祭祀时的身体礼仪,熟悉九拜之礼。九拜为稽首、顿首、空首、振动、吉拜、凶拜、奇拜、褒拜、肃拜。

就政治方面而言,祝官的工作包括撰写招聘之辞、外交之辞、告诫之辞、劝勉祝福之辞和结盟之辞、诔辞等。这种行政文辞的创作,促进了后世诏、令、书、奏等文体的发展。

祝官在周初地位很高,周公、子伯禽都曾担任过祝官,因而古人认为《大武》《清庙》《维清》等作品为周公亲作之说,并非空穴来风。

二、祝颂方式

祝官是颂诗的创作主体,颂诗是祭礼祝赞词,《诗经》中的颂诗在内容上与祈告之祭有对应关系。《诗大序》认为颂诗是歌功颂德、告祭神明的作品,属于宗庙祭歌。《诗经》中的"颂"分为《周颂》《商颂》《鲁颂》。《商颂》或出自五帝时代,或内容与之相关,时间跨度较大,基调

---

① 周礼[M].徐正英,常佩雨,译注.北京:中华书局,2017.

是歌颂力量与武功，表现出商人"帝祖一元"的观念。《鲁颂》是鲁国用于宗庙祭祀的乐歌。《周颂》是周朝的颂歌，是西周武王、成王、康王、昭王时的作品，内容多歌颂统治阶级的功德或祈求神祇赐福。

祝官告神的方式是"大声叫告"，《周颂》中存在大量呼告之语。祝号既是一种抒发对祖先神明恭敬崇拜感情的方式，也是一种引起神明注意的手段。例如"于穆清庙，肃雍显相"（《周颂·清庙》），"于皇武王"（《周颂·武》），"于皇时周"（《周颂·般》）等，这些赞颂呼告语一唱三叹，文辞质朴，节奏低沉、舒缓，既符合宗庙祭祀时肃静庄重的气氛，又生动形象地体现出祭祀者崇敬虔诚的心理，使听众不由自主地产生敬畏心理。

祈告之祭多出现在非常祭之中，因此《周颂》中记录的许多祭祀都有各自特殊的祭祀理由。《周颂·清庙》曰："于穆清庙，肃雍显相。济济多士，秉文之德。对越在天，骏奔走在庙。不显不承，无射于人斯。"此诗是宣告洛邑建成，周公祭祀周文王于宗庙。《周颂·有客》曰："有客有客，亦白其马。有萋有且，敦琢其旅。有客宿宿，有客信信。言授之絷，以絷其马。薄言追之，左右绥之。既有淫威，降福孔夷。"此诗是宋微子朝周，周王设宴饯行所唱。《周颂·闵予小子》曰："闵予小子，遭家不造，嬛嬛在疚。于乎皇考，永世克孝。念兹皇祖，陟降庭止。维予小子，夙夜敬止。于乎皇王，继序思不忘。"此诗是周成王遭周武王之丧，告于宗庙的诗。《周颂·小毖》曰："予其惩而，毖后患。莫予荓蜂，自求辛螫。肇允彼桃虫，拼飞维鸟。未堪家多难，予又集于蓼。"此诗是周成王诛灭管蔡、武庚后，自我惩戒并求助于群臣的诗。《周颂·赉》曰："文王既勤止，我应受之。敷时绎思，我徂维求定。时周之命，於绎思。"此诗是周武王克商还都，祭祀周文王、赏封功臣的乐歌。

周人祝颂是为了祈福祥、求永贞，《周颂》中大部分诗篇都反映了这一主题。祈福祥、求永贞的句子在《周颂》中非常多，如《周颂·天作》曰："岐有夷之行，子孙保之。"《周颂·我将》曰："伊嘏文王，既右飨之。我其夙夜畏天之威，于时保之。"《周颂·时迈》曰："我求懿德，肆于时夏。允王保之。"与《周颂》中祈求统治万古长青的愿望不同，雅歌中的祝颂主要体现在统治者自身，多为祝愿统治者长寿，如《小雅·南山有台》曰："乐只君子，邦家之基。乐只君子，万寿无期。"《小雅·楚茨》曰："报以介福，万寿无疆。"雅歌中的许多祝颂语有着严格的使用范围，仅限于天子、君子等贵族阶级内部，而且他们相互之间有等级差异。像"万寿无疆"这类祝寿语，就只用于祝颂周天子。颂中的祝颂语也会体现出某种功利性，如《楚茨》中的"既醉既饱，小大稽首。神嗜饮食，使君寿考"，就体现出用酒食取悦神灵、换取长寿的交易思想。

《周颂》对于确立周人统治的合法性，维护周朝统治秩序发挥着重要作用。同时，诗中对于先王"美德"的歌颂，为统治者树立了一个良好的道德榜样。

三、不同时期颂诗的特点

《周颂》最早是在周武王克商、践天子位后产生的，从某种意义上说它是周革殷命、获取王权的象征。《周颂》所代表的王权意义，反映了郊天祭地是王者的特权这一思想，因此代表周天子祭祀之乐的《周颂》，实际上特指天子郊祭天地时所使用的音乐。周公之后，周人以后稷、太王、文王、武王等配天而祭，所以《天作》《思文》等庙祭乐歌也开始进入《周颂》。现存的《周颂》中没有祭祀昭王以后诸王的作品。

周武王时代的仪式乐歌以史诗的形式记录了周人开国创业等重大历史事件，以歌颂周文王功德、周武王伐纣胜利及平定天下的誓词为中心内容，本质属于祭祀颂圣之歌，反映了颂歌美盛德、告神明的仪式特点。按照内容及用途，可以将颂歌分为祭祖颂功之歌和宗庙祭祀之歌。祭祖颂功之歌有歌颂古公亶父至周文王时期周族兴盛历史的《大雅·绵》：

　　古公亶父，来朝走马。率西水浒，至于岐下。爰及姜女，聿来胥宇。周原膴膴，堇茶如饴。爰始爰谋，爰契我龟，曰止曰时，筑室于兹。乃慰乃止，乃左乃右，乃疆乃理，乃宣乃亩。自西徂东，周爰执事。乃召司空，乃召司徒，俾立室家。其绳则直，缩版以载，作庙翼翼。捄之陾陾，度之薨薨，筑之登登，削屡冯冯。百堵皆兴，鼛鼓弗胜。乃立皋门，皋门有伉。乃立应门，应门将将。乃立冢土，戎丑攸行。肆不殄厥愠，亦不陨厥问。柞棫拔矣，行道兑矣。混夷駾矣，维其喙矣。虞芮质厥成，文王蹶厥生。予曰有疏附，予曰有先后，予曰有奔奏，予曰有御侮。

　　宗庙祭祀之歌有《周颂·我将》《周颂·赉》《周颂·酌》《周颂·时迈》《周颂·般》《周颂·天作》，其中《周颂·我将》《周颂·赉》《周颂·酌》在周成王平定天下后编入大型祭祀歌舞《大武乐》中。

　　周成王时代是祭祖祀神之歌大兴的时代，这一时期祭颂祖先功德的赞颂之歌都与相应祭典使用的仪式目的紧密相连。例如《大雅·文王》：

　　文王在上，于昭于天。周虽旧邦，其命维新。有周不显，帝命不时。文王陟降，在帝左右。

　　亹亹文王，令闻不已。陈锡哉周，侯文王孙子。文王孙子，本支百世，凡周之士，不显亦世。

　　世之不显，厥犹翼翼。思皇多士，生此王国。王国克生，维周之桢。济济多士，文王以宁。

　　穆穆文王，于缉熙敬止。假哉天命，有商孙子。商之孙子，其丽不亿。上帝既命，侯于周服。

侯服于周，天命靡常。殷士肤敏，祼将于京。厥作祼将，常服黼冔。王之荩臣，无念尔祖。

无念尔祖，聿修厥德。永言配命，自求多福。殷之未丧师，克配上帝。宜鉴于殷，骏命不易！

命之不易，无遏尔躬。宣昭义问，有虞殷自天。上天之载，无声无臭。仪刑文王，万邦作孚。

前两章沿袭周初的颂圣之辞，三、四章描述了祭祀的盛大场面，五、六、七章是对助祭的殷商遗民与周成王的诫勉之辞。

周穆王时代，周礼已经基本成熟，天道神权对人思想的控制不断减弱，西周政权力量以代表人的力量的"礼"的形式和各种具体的制度影响社会。西周初年，祭祀天帝及祖先的祷歌由周王亲自唱颂，到了西周中期穆王时代，颂歌的唱祷由"尸""祝"等人共同完成。这种唱颂者身份的转变，表面上表现为"尸""祝"地位上升、周王作用下降，实际上是整个司祭集团社会地位下降，祭祀活动的神圣性在周王心中地位下降的表现。人们不再盲目地崇拜神，开始将目光投注到现实社会，在这种理性关注的背景下，现实社会中的现实行为得到人们的重视，先王创业开国、保守天下的光辉事迹迸发出强烈的现实意义，因此这一时期创作祭祖颂功作品达到一次高潮。与周初注重文德及以德感天受命的内容不同，这一时期的创作除了继续颂扬周文王受命的神话外，更为关注祖先、时任周王实实在在的文韬武略。经考证，这一时期创作的颂功之歌有《文王有声》《灵台》《皇矣》《生民》等。

周宣王中兴时代以赐命、颂德为内容的乐歌主要有《大雅》中的《崧高》《烝民》《江汉》《韩奕》《假乐》《卷阿》，《小雅》中的《天保》《彤弓》《菁菁者莪》。《大雅·假乐》中的"不愆不忘，率由旧章"，表现出来的复古、法祖意识，与周宣王时修政，法文王、武王、成王、康王之遗风暗合。不仅如此，在颂语"假乐君子，显显令德，宜民宜人……穆穆皇皇，宜君宜王"诗句中，隐含了周宣王即位不顺这一史实；"无怨无恶，率由群匹"描写周厉王暴政导致民众反叛的事，歌颂周宣王任用贤良、修政安民。可见这一时期的颂功乐歌，延续了周穆王时代关注现实的传统。

第三节 宴飨

宴飨是周王政治活动中的重要组成部分,许多政治共识与政治交易都是在君臣觥筹交错间达成的。因此,政治宴飨诗是《诗经》中周王个人活动与周代政治生活联系最为紧密的诗歌。政治宴飨诗为我们研究周代政治提供了一个非常独特的视角,具有极为特殊的价值。

一、政治宴飨诗的界定

宴飨在周代政治生活中发挥着重要作用,与政治紧密相连的燕饮场合主要有祭祀、飨礼、朝聘与王师大献、农事、田猎等。其中,与祭祀有关又涉及宴飨的称为祭享诗;天子设宴以飨礼为主,反映天子设宴的诗歌为飨礼诗。祭享诗与祭祀祖先、天地、军事等国家大事有关,飨礼诗多与维护君臣关系有关。

《周颂·丝衣》曰:"序丝衣绎宾尸也。"① "绎"指绎祭,周代的祭祀有时会持续两天,绎祭指第二天的祭祀,在这一天的祭祀后会以宾客之礼宴请尸祝。"自堂徂基,自羊徂牛,鼐鼎及鼒。兕觥其觩。旨酒思柔。"写祭祀后人们享用祭品、祭酒的快乐。可见《丝衣》是一首描写祭祀过后,主人宴请公尸(古称宾尸)的诗歌,内容上涉及祭祀与宴飨两个方面。

---

① 郑康成.毛诗注疏[M].摛藻堂四库全书汇要,经部影印版.

《大雅》中的祭享诗有《行苇》《既醉》《凫鹥》《假乐》《泂酌》。《大雅·行苇》写宴会举办时"或肆之筵，或授之几。肆筵设席，授几有缉御。或献或酢，洗爵奠斝。醓醢以荐，或燔或炙。嘉肴脾臄，或歌或咢"的热闹场景。对于《既醉》，朱熹云："在泾，公尸来燕来宁。尔酒既清，尔肴既馨，公尸燕饮，福禄来成。"①说得非常清楚明白。《凫鹥》写"公尸来燕来宁"，是一首记录绎祭之后第二天酬谢公尸所唱的歌。《毛诗正义》言《大雅·泂酌》"皇天亲有德，飨有道也"②，意为只要遵守道、有德行，即使是"泂酌彼行潦"这样简陋的祭祀酒席，上天也会因为亲爱其人而飨其祭祀。

《小雅》中的宴飨诗可以粗略地分为以周天子为主的飨礼诗和以普通贵族为主的燕饮诗。天子设宴次数很多，参加者不尽相同。《鹿鸣》为天子大宴群臣时的场面，"我有嘉宾，鼓瑟吹笙"写尽宾主之间的欢快愉悦。《湛露》《彤弓》《裳裳者华》《桑扈》写的是宴请诸侯的诗歌，又有细微差别。

《小雅·湛露》曰："湛湛露斯，匪阳不晞。厌厌夜饮，不醉无归。湛湛露斯，在彼丰草。厌厌夜饮，在宗载考。湛湛露斯，在彼杞棘。显允君子，莫不令德。其桐其椅，其实离离。岂弟君子，莫不令仪。"写诸侯朝见周天子，周天子设宴款待。《小雅·彤弓》曰："彤弓弨兮，受言藏兮。我有嘉宾，中心贶之。钟鼓既设，一朝飨之。彤弓弨兮，受言载兮。我有嘉宾，中心喜之。钟鼓既设，一朝右之。彤弓弨兮，受言櫜之。我有嘉宾，中心好之。钟鼓既设，一朝醻之。"写诸侯立了战功，周天子举行宴会赏赐给他们弓矢。《小雅·裳裳者华》是在宴会上赞美诸侯的诗歌。《小雅·桑扈》写周王宴请诸侯。《小雅·蓼萧》

---

① 朱熹.诗集传[M].赵长征，点校.北京：中华书局，2017.
② 十三经注疏整理委员会.毛诗正义[Z].北京：北京大学出版社.1999.

与周天子赞美诸侯的诗歌相照应，是诸侯在宴会上赞美周王的诗歌。《小雅·鱼藻》的视角比较独特，赞美的是周天子住在镐京，宴会饮酒时安宁快乐的样子。《小雅·頍弁》是一首描写周王宴乐同姓、亲睦九族的诗歌，因诗中将贵族们比喻成寄生草，仰赖于周王才得以生存，故弥漫着一股悲凉的气息，与之前的燕饮诗有很大不同。在"死丧无日，无几相见。乐酒今夕，君子维宴"这样的诗句下，饱含个人眼见国家走向衰落而无能为力的无奈。

二、宴飨诗与周代的治国思想

1. 尊贤者

贤者德才兼备、德高望重，富有政治智慧，人君若能得到贤者的辅助，既是人君之福，更是国家之福。周代君主特别注重尊贤，专设有咨询制度，这种制度本身就体现出君主对贤者的尊重。《小雅·皇皇者华》曰："皇皇者华，于彼原隰。駪駪征夫，每怀靡及。我马维驹，六辔如濡。载驰载驱，周爰咨诹。我马维骐，六辔如丝。载驰载驱，周爰咨谋。我马维骆，六辔沃若。载驰载驱，周爰咨度。我马维骃，六辔既均。载驰载驱，周爰咨询。"其中"周爰咨诹"一句，后人以为使臣秉承国君之明命，重任在身，故必须以咨周善道，广询博访。上以宣国家之明德，下以辅助自己之不足，以期达成使命，因而"咨访"实为使臣之大务。在出使之际，君之教使臣者，正在于广询博访。使臣在奉使途中，时刻不忘君之所教，时常懔懔于心，怀有"靡及"之感，更是忠于职守、忠于明命的表现。可见，周代有派专职人员出外向忠信贤人咨询善道的制度。君主在燕礼上乞言于老者，亦是尊贤的表现。周代燕礼有君主向老者表示敬意而老者谈说善道之事，《小雅·鹿鸣》曰："呦呦鹿鸣，食野之苹。我有嘉宾，鼓瑟吹笙。吹笙鼓簧，承筐是将。人之好我，示我周行。"其中"示我周行"就再现了此情节。君主在燕礼上殷切希望贤者以善道示己，其尊贤之意不言自明。盛赞贤者美德，充分肯定其表率作用，祝以大福，是君主尊贤的重要方式。《小雅·鹿鸣》一诗盛赞讲道之贤者"德音孔昭"，既是民之楷模，又是君子效法的榜样，尊贤之情溢于言表。《小雅·南山有台》中的"德音是茂"，极言其德之盛；"万寿无疆"，衷心祝其健康长寿。"德与寿，天下之达尊也"，故朱熹认为此诗"美其德而祝其寿，所以道达尊宾之意"①。此"宾"，不是一般宾客，而是贤者。何以知其然也？《诗序》云："《南山有台》，乐得贤也。得贤则能为邦家立太平之基矣。"君主尊贤如此，自然会得到贤者诚心辅弼。

2. 敬大臣

大臣是国家的栋梁，君主敬之，国家大事才能顺利进行。周代君主敬大臣的主要方式是重赐有功大臣。诸侯有征伐之功，周王以弓矢赐之，而"凡诸侯，赐弓矢，然后专征伐"②。所谓"专征伐"，即东莱吕氏所谓"如四夷入边，臣子篡弑，不容待报者"，如此信任，足见君主对有功大臣的尊敬。《诗序》认为《小雅·彤弓》是关于"天子赐有功诸侯"的诗，周王不仅赐有功诸侯以象征"专征伐"大权的彤弓，向受赐诸侯表达自己的殷殷之意，还设钟鼓飨礼款待之。总之，彤弓之赐，非常赐；钟鼓之乐，非常乐；大飨之礼，非常礼；中心"贶"之，非常情。此四者，集于有功诸侯一身，天子对其不可谓不敬。除此之外，君主还通过盛赞大臣表敬大臣之意。《小雅·六月》曰："薄伐玁狁，至于大原，文武吉甫，万邦为宪。吉甫燕喜，既多受祉，来归自镐，我行永久。饮御诸友，炰鳖脍鲤，侯谁在矣，张仲孝友。"诗中的大臣吉甫在国家

---

① 朱熹. 诗集传[M]. 赵长征，点校. 北京：中华书局，1994.
② 十三经注疏整理委员会. 毛诗正义[Z]. 北京：北京大学出版社，1999.

危难之时，受王命出征狁，不战而屈人之兵，于是周王以"万邦为宪"高度评价他。"万邦为宪"，《孔疏》释为"其才略可以为万国之法"，周王给予吉甫如此美誉，足显其对大臣的尊敬。与之意义相当的还有《小雅·桑扈》中的"百辟（诸侯）为宪"，《大雅·假乐》中的"四方之纲"，这些都是用在至尊的天子身上的。

3. 子庶民

虽然庶民社会地位卑微，但离开了他们，国家将举步维艰。正因为如此，子庶民就成为周代君主领导艺术的重要组成部分。子庶民的具体方式：第一是为政为民。东莱吕氏解释为"民之劳逸在下，而其机枢在上。上逸则下劳矣，上劳则下逸矣。不解于位，乃民之所由休息也。"①《大雅·假乐》卒章落脚点就在于传达周时君臣团结、统治者勤政为民的统治意识。为政为民，首先应该做到以百姓基本生活为念，在最大程度上保障百姓日常饮食，即"民之质矣，日用饮食"（《小雅·天保》）。第二是使而能劳。《小雅·杕杜》为"劳还役"的乐歌，《豳风·七月》是劳农之乐歌。役夫出征，农夫务农，皆极尽辛劳，故设宴以慰劳之。所不同的是，慰劳役夫是在征战归来慰劳将帅之后进行，慰劳农夫是在一年一度的蜡祭时进行。《礼记·月令》说，孟冬时节国祭蜡，"劳农而休息之"，饮民于序而慰劳农人之礼，而《豳风·七月》末章"朋酒斯飨"等五句即是对劳农礼的真实反映。使而能劳，则民无怨。第三是体察人情。"戍者勤苦之情，最切者有四：一则有舍其家室之悲，二则有不遑启居之劳，三则有载饥载渴之苦，四则有不得其家音信之忧。"《小雅·采薇》一诗前两章就"备道此回事以慰之"。

《小雅·杕杜》曰："有杕之杜，有睆其实。王事靡盬，继嗣我

---

① 朱熹. 诗集传 [M]. 赵长征，点校. 北京：中华书局，1994.

日。日月阳止，女心伤止，征夫遑止。有杕之杜，其叶萋萋。王事靡盬，我心伤悲。卉木萋止，女心悲止，征夫归止！陟彼北山，言采其杞。王事靡盬，忧我父母。檀车幝幝，四牡痯痯，征夫不远！匪载匪来，忧心孔疚。期逝不至，而多为恤。卜筮偕止，会言近止，征夫迩止。"此诗将思妇由去冬十月至今暮春对征夫的思念表现得细致入微，但她的思念都落了空，最后不得不"卜筮偕止"。何氏楷曰："礼，大事先筮而后卜，小事则龟筮不相袭，今相袭俱作，以心之惶惑不定也。"君主对思妇细腻微妙的情感变化了如指掌，并代其言，这是在"劳还役"时一并慰劳在家思妇的最佳方式。正如范氏处义所说："此诗专劳戍役，终始言室家思望，待小人之道，尤贵于切近其情也。"此可谓一语中的。所以说，体察民之情思，是"子庶民"的重要方式。

4. 怀诸侯

诸侯位尊权重，是维护国家稳定至关重要的因素。怀诸侯是周代君主领导艺术的重要组成部分，不仅迎来送往以示尊重，设宴赏赐以示慈惠，还高度评价以笼络人心。

周天子有来迎诸侯之礼。《郑笺》云："此说天子之车饰者，诸侯燕见天子，天子必迎车于门，是以云然。"《孔疏》认为"燕有迎法"，既迎来，必送往。《周颂·有客》是周天子为微子饯行的乐歌。微子助祭毕欲归，时王殷勤挽留曰："有客宿宿，有客信信。"还以絷绊其马足，以示留客之诚（绊马足留客，周之俗也）。至不可留，又设宴饯送之，"与之欢燕，以安乐其心，是厚之无已"。

郑玄明确指出："诸侯朝觐会同，天子与之燕，所以示慈惠。"[1]《小雅·湛露》即为天子宴请诸侯之诗，孔颖达认为"厌厌夜饮，不

---

[1] 十三经注疏整理委员会.毛诗正义[Z].北京：北京大学出版社，1999.

醉无归"表达了天子留诸侯夜饮之意,"首章言王燕诸侯,虽至于夜,留与饮燕,无问同姓异姓,皆不醉无归,是天子恩厚之义也。"①当然,天子设宴赏赐诸侯,无非是为了欢悦其心。

除以上两个方面,天子还通过高度评价诸侯以笼络其心。《小雅·湛露》中的"岂弟君子,莫不令仪",《小雅·采菽》中的"赤芾在股,邪幅在下。彼交匪纾",显然是在夸诸侯有威仪。《小雅·湛露》赞美诸侯有德,"显允君子,莫不令德"。《小雅·采菽》充分肯定诸侯在国家事务中的重要作用,"乐只君子,殿天子之邦。乐只君子,万福攸同。平平左右,亦是率从"。

5. 柔远人

《礼记·中庸》云:"柔远人,则四方归之。"孔颖达指出,远人"谓蕃国诸侯"②。《周礼》曰:"九州之外,谓之蕃国。"《小雅·蓼萧》曰:"蓼彼萧斯,零露湑兮。既见君子,我心写兮。燕笑语兮,是以有誉处兮。蓼彼萧斯,零露瀼瀼。既见君子,为龙为光。其德不爽,寿考不忘。蓼彼萧斯,零露泥泥。既见君子,孔燕岂弟。宜兄宜弟,令德寿岂。蓼彼萧斯,零露浓浓。既见君子,鞗革冲冲。和鸾雍雍,万福攸同。"此诗写蕃国国君拜见天子而受到天子设宴款待,应是"柔远人"之诗。《小雅·蓼萧》中的天子是如何"柔远人"的呢?其一,"燕笑语兮",这是说天子燕饮远国之君,并与之笑谈,可谓恩意深厚。其二,《小雅·小雅·蓼萧》诗中有"为龙为光",孔颖达解说:"为君所宠遇,为君所光荣。"就是说,天子以巧妙的手段恩宠远国诸侯,使他们感到无限荣耀。其三,远国诸侯赞美天子"宜兄宜弟",可见,远国诸侯在天子这里得到了兄弟

---

① 十三经注疏整理委员会. 毛诗正义[Z]. 北京:北京大学出版社,1999.
② 十三经注疏整理委员会. 毛诗正义[Z]. 北京:北京大学出版社,1999.

般的待遇。其四,天子亲迎远国诸侯,"爵不过子爵"①的远国诸侯初见天子时必惶恐不安,而天子乘车亲迎之,设宴款待之,待其如兄弟,又恩宠有加,这样远国诸侯定会衷心拥戴天子。可以说,《小雅·蓼萧》一诗是周天子"柔远人"的集中体现。

① 十三经注疏整理委员会.毛诗正义[Z].北京:北京大学出版社,1999.

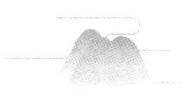

第四节 讽谏

《毛诗序》曰："上以风化下，下以风刺上。主文而谲谏，言之者无罪，闻之者足以戒。"①可见，讽谏是诗歌的一大社会功用。《诗经》中的政治讽谏诗内容上以讽刺和批判周王朝衰亡之际统治者的昏庸腐朽与政治黑暗为主，以达到谏诤君王、改良政治、挽救危亡的目的。这些作品取材现实生活、关注民生疾苦，是最接近社会、人生的诗歌，充满对国家和人民的责任感、使命感。

一、政治讽谏诗及其产生背景

政治讽谏诗的作者多是政治集团内部成员，或大夫、公卿，或下层官吏，他们将所看到与感受到的社会不公与弊病，凝成肺腑之言，发言为声，勇敢地表达心中的怨愤与不平。

属于陕西的政治讽谏诗，《大雅》中有《民劳》《板》《荡》《桑柔》《瞻卬》《召旻》等，《小雅》中有《小弁》《何人斯》《巷伯》《巧言》《青蝇》《小明》《四牡》《杕杜》《祈父》《北山》《白华》《节南山》《正月》《十月之交》《雨无正》《小宛》等。

政治讽谏诗大多产生于西周末年。周懿王以后，王室衰微，地方

---

① 杨伯峻.论语译注〔M〕.北京：中华书局，1980.

势力开始崛起，诸侯并立，虽然表面上周天子仍然处于天下共主的地位，但影响力大大减弱，再也无法号令诸侯。在此背景下，周初所建立的礼乐制度几乎被破坏殆尽，社会矛盾激化，各诸侯国之间战乱不断，民不聊生。强大的诸侯变王田为私有，普遍改革经济制度，井田制逐渐瓦解，郡县制逐渐取代分封制。各诸侯、卿大夫僭用礼乐的现象普遍发生，弑君篡国、以下犯上屡见不鲜，社会整体上处于混乱失序的状态。

作为现实生活的镜子，在政治讽谏诗中既能看到反映社会变革之际混乱状态下的天灾人祸，又能看到一大批忧国忧民的士子们的拳拳真心。《大雅·云汉》曰："何辜今之人？天降丧乱，饥馑荐臻。"真实刻画了西周末年那场大灾害带给人民的巨大痛苦。《小雅·何草不黄》曰："何草不黄？何日不行？何人不将？经营四方。何草不玄？何人不矜？哀我征夫，独为匪民。匪兕匪虎，率彼旷野。哀我征夫，朝夕不暇。有芃者狐，率彼幽草。有栈之车，行彼周道。"其中，"哀我征夫，独为匪民"短短八字，形象地反映了当时战乱不断、人命薄如草芥的社会现状，与诗歌最后写显贵们乘"有栈之车，行彼周道"相对比，对社会不公之愤怒顿时充斥胸腔。

如果说礼崩乐坏是政治讽谏诗产生的直接原因，那么政治讽谏诗产生的间接原因则是宗法制度。众所周知，宗法制度以血缘为基础，以君臣关系为纲领，以维护等级尊卑为目的，在此基础上产生了谏诤制度。谏诤制度是政治讽谏诗能够收入《诗经》并长期保存下来的根本原因。

在周人的政治观念中，周王虽是天下的统治者，但正所谓"上帝板板，下民卒瘅"（《大雅·板》），唯有贤明的天子才能维持统治，发展国力。"殷谏不远，在夏后之世"（《大雅·荡》），为了避免如殷纣王一般因为个人独断专权而给国家带来灭顶之灾，君王的权力必须受到监督，上至公卿，下至乐工、平民，都可以向天子进谏，以补察时政之不足。谏诤之臣多属于贵族统治阶级，他们维护王朝利益，也是维护自己的宗族与国家政权。在当时，判断君王是否贤明的标准之一，是他能否虚心纳谏、厚待谏臣。《大雅·抑》中的"听用我谋，庶无大悔"就是一位老臣劝告周王，希望其虚心纳谏。

周代的谏诤制度极具人情味，贵族与王不仅是君臣关系，还有血缘关系。血缘是维系政治统治的另一个因素，这种血缘政治在确立了君臣上下的义务与权利外，也使他们的关系天然地有着温和亲近的一面。如《大雅·板》：

上帝板板，下民卒瘅。出话不然，为犹不远。
靡圣管管，不实于亶。犹之未远，是用大谏。
天之方难，无然宪宪。天之方蹶，无然泄泄。
辞之辑矣，民之洽矣。辞之怿矣，民之莫矣。
我虽异事，及尔同僚。我即尔谋，听我嚣嚣。
我言维服，勿以为笑。先民有言，询于刍荛。
天之方虐，无然谑谑。老夫灌灌，小子蹻蹻。
匪我言耄，尔用忧谑。多将熇熇，不可救药。
天之方懠，无为夸毗。威仪卒迷，善人载尸。
民之方殿屎，则莫我敢葵。丧乱蔑资，曾莫惠我师。
天之牖民，如埙如篪。如璋如圭，如取如携。
携无曰益，牖民孔易。民之多辟，自无立辟。
价人维藩，大师维垣。大邦维屏，大宗维翰。
怀德维宁，宗子维城。无俾城坏，无独斯畏。
敬天之怒，无敢戏豫。敬天之渝，无敢驰驱。
昊天曰明，及尔出王。昊天曰旦，及尔游衍。

诗中凡伯以勋旧老臣的身份，斥责周厉王失政失教，致使上天震怒,灾难降临,人民生活在水深火热中。此诗虽然通篇用对同僚的口吻斥责周厉王,但在这些诗句后面隐藏的是一代老臣对年轻君主情深意切的谆谆教诲。令人惋惜的是,周厉王对这些诤言充耳不闻,终于在公元前841年引发国人暴动,一代君王被赶下君位,逃到彘地,在耻辱中结束了一生。

二、讽谏的主要政治问题

1. 亲小人,远贤臣

大凡昏庸的君主总是"亲小人,远贤臣",刺谗诗就是专门批判谴责那些陷害他人、挑拨离间者的诗歌。刺谗诗的内容十分丰富,有的诗篇讽刺谗言离乱骨肉亲情,有的诗篇讽刺谗言挑拨同僚情谊,有的诗篇讽刺谗言祸乱君臣关系,还有专门为谗佞之人作画像的诗歌。

《小雅·小弁》是一首被父亲放逐之人抒发心中哀怨的诗歌:

弁彼鸒斯,归飞提提。民莫不穀,我独于罹。何辜于天?我罪伊何?心之忧矣,云如之何!

踧踧周道,鞫为茂草。我心忧伤,惄焉如捣。假寐永叹,维忧用老。心之忧矣,疢如疾首。

维桑与梓,必恭敬止。靡瞻匪父,靡依匪母。不属于毛?不罹于里?天之生我,我辰安在?

菀彼柳斯,鸣蜩嚖嚖,有漼者渊,萑苇淠淠。譬彼舟流,不知所届,心之忧矣,不遑假寐。

鹿斯之奔,维足伎伎。雉之朝雊,尚求其雌。譬彼坏木,疾用无枝。心之忧矣,宁莫之知?

相彼投兔,尚或先之。行有死人,尚或墐之。君子秉心,维其忍之。心之忧矣,涕既陨之。

君子信谗，如或酬之。君子不惠，不舒究之。伐木掎矣，析薪扡矣。舍彼有罪，予之佗矣。

莫高匪山，莫浚匪泉。君子无易由言，耳属于垣。无逝我梁，无发我笱。我躬不阅，遑恤我后！

此诗的作者历来存在争议，大多认为是周幽王太子宜臼所作[①]。据史书记载，周幽王听信谗言废掉宜臼，立褒姒之子为太子。宜臼作为前太子，陷入两难境地，逃则陷父亲于不义，不逃则九死无一生，其心凄凉哀怨，可见一斑。"假寐永叹，维忧用老。心之忧矣，疢如疾首。"若非亲身经历，是不会有如此深刻的忧伤。但《小雅·小弁》并不单纯是一首怨愤诗，在怨恨之后是"亲"与"仁"。宜臼是一个知礼守孝之人，诗中之怨只是走投无路时的心酸与无奈，并非是对父亲的怨恨，即使在逃亡途中仍然"维桑与梓，必恭敬止"，深切地思念着自己的父母。在"亲亲尊尊"的礼乐制度被打破，嫡长子继承制遭到破坏后，宜臼作为周幽王嫡长子，亲身经历人伦关系中最亲密的关系被破坏殆尽，仍能坚守孝道，严格秉持周礼的规定，实在难能可贵，与诗中小人形成鲜明对比。

《小雅·何人斯》是一首描写遭人陷害，好友之间友谊破碎的诗歌。《小雅·巷伯》是诗人被谗人诬陷后，对谗人进行无情鞭挞的诗歌。《小雅·巧言》是一首政治讽喻诗，痛斥了进谗者的厚颜无耻。谗人危害社会，为了加深人们对他们的厌恶感，作者在刻画这一类人物时故意将其漫画化，使其形象十分阴险狡诈。他们形象猥琐，"既微且尰"（《小雅·巧言》），善于用谗言混淆视听，"萋兮斐兮，成是贝锦。彼谮人者，亦已大甚。哆兮侈兮，成是南箕"（《小雅·巷伯》），或"为鬼为蜮"（《小雅·何人斯》），躲在暗处，"我闻其声，不见其身"（《小雅·何人斯》），当真

---

① 十三经注疏整理委员会.毛诗正义[M].北京：北京大学出版社，1999.

是阴险狡诈到令人发指。

　　劝谏诗主要通过诗歌对统治者进行直言规劝，作者多是活跃在政治中心的高级官员。严格说讽谏诗都有劝谏的意思，之所以将其单列出来，是因为与刺逸诗等间接表达劝诫意思的诗歌不同。在政治讽谏诗中，这一部分诗歌是用最严肃的方式直接劝谏统治者的。《大雅·桑柔》曰：

　　菀彼桑柔，其下侯旬，捋采其刘，瘼此下民。不殄心忧，仓兄填兮。倬彼昊天，宁不我矜？

　　四牡骙骙，旟旐有翩。乱生不夷，靡国不泯。民靡有黎，具祸以烬。於乎有哀，国步斯频。

　　国步蔑资，天不我将。靡所止疑，云徂何往？君子实维，秉心无竞。谁生厉阶，至今为梗？

　　忧心殷殷，念我土宇。我生不辰，逢天僤怒。自西徂东，靡所定处。多我觏痻，孔棘我圉。

　　为谋为毖，乱况斯削。告尔忧恤，诲尔序爵。谁能执热，逝不以濯？其何能淑，载胥及溺。

　　如彼遡风，亦孔之僾。民有肃心，荓云不逮。好是稼穑，力民代食。稼穑维宝，代食维好？

　　天降丧乱，灭我立王。降此蟊贼，稼穑卒痒。哀恫中国，具赘卒荒。靡有旅力，以念穹苍。

　　维此惠君，民人所瞻。秉心宣犹，考慎其相。维彼不顺，自独俾臧。自有肺肠，俾民卒狂。

　　瞻彼中林，甡甡其鹿。朋友已谮，不胥以谷。人亦有言：进退维谷。

　　维此圣人，瞻言百里。维彼愚人，覆狂以喜。匪言不能，胡斯畏忌？

　　维此良人，弗求弗迪。维彼忍心，是顾是复。民之贪乱，宁为荼毒。

　　大风有隧，有空大谷。维此良人，作为式谷。维彼不顺，征以中垢。

大风有隧，贪人败类。听言则对，诵言如醉。匪用其良，复俾我悖。

嗟尔朋友，予岂不知而作。如彼飞虫，时亦弋获。既之阴女，反予来赫。

民之罔极，职凉善背。为民不利，如云不克。民之回遹，职竞用力。

民之未戾，职盗为寇。凉曰不可，覆背善詈。虽曰匪予，既作尔歌！

这是大臣芮良夫对周厉王进行讽刺劝谏所写的诗歌，诗中反映了周厉王时国政混乱、君王无道、人民受难的情况。作者一片忠心却得不到重用，对周厉王十分怨恨。他对下层民众的苦难抱有同情的态度，却不理解他们的反抗，对他们的暴动加以诋毁，诗中直言"匪言不能，胡斯畏忌"，反复劝谏周厉王要安民、保民。

劝谏图

2. 王事不公、役使不均

苦劳役诗主要针对王事不公、役使不均，朝廷内部失和的现状所作。

这类诗歌的作者大多是一些正在供职的中小官吏,劳役不公使他们长期在外服役而得不到休息,不仅难以侍养父母,还要忍受夫妻两地分居的痛苦。《小雅·小明》描写一位周朝官吏苦于劳役之久,思归念友,想要早日回乡,却害怕触碰法网、累及无辜的矛盾心情。"靖共尔位,正直是与"表面上是作者激励老同事要认真做好本职工作、亲近贤良,实际上是劝谏君主要懂得利用正直贤良的人才、纠正错误的政令、均劳役,使久役在外的人能够及时回家。倾诉征役之苦的诗歌还有《小雅》中的《四牡》《杕杜》《祈父》。《四牡》曰:"四牡骓骓,周道倭迟。岂不怀归?王事靡盬,我心伤悲。四牡骓骓,啴啴骆马。岂不怀归?王事靡盬,不遑启处。翩翩者雏,载飞载下,集于苞栩。王事靡盬,不遑将父。翩翩者雏,载飞载止,集于苞杞。王事靡盬,不遑将母。驾彼四骆,载骤骎骎。岂不怀归?是用作歌,将母来谂。"此诗写一位官员思乡不得归的无奈。《杕杜》曰:"有杕之杜,有睆其实。王事靡盬,继嗣我日。日月阳止,女心伤止,征夫遑止。有杕之杜,其叶萋萋。王事靡盬,我心伤悲。卉木萋止,女心悲止,征夫归止!陟彼北山,言采其杞。王事靡盬,忧我父母。檀车幝幝,四牡痯痯,征夫不远!匪载匪来,忧心孔疚。期逝不至,而多为恤。卜筮偕止,会言近止,征夫迩止。"此诗写妻子思念久役不归的丈夫。《祈父》曰:"祈父,予王之爪牙。胡转予于恤,靡所止居?祈父,予王之爪士。胡转予于恤,靡所厎止?祈父,亶不聪。胡转予于恤?有母之尸饔。"此诗写将士控诉司马任职不当,致使自己久役难归。

三、政治讽谏的目的

政治讽谏多为下级对上级、臣对君进行讽喻、规劝,或讽刺逸人佞臣,或表达对天下苍生的同情以感召君王,或揭示朝政混乱以求政通人和。概括起来，政治讽谏主要有"究王讻以保国""存忧恤以安民""用大谏以致中""刺乱政以求和"四大目的。

1. 究王讻以保国

《小雅·节南山》曰：

节彼南山，维石岩岩。赫赫师尹，民具尔瞻。忧心如惔，不敢戏谈。国既卒斩，何用不监！

节彼南山，有实其猗。赫赫师尹，不平谓何。天方荐瘥，丧乱弘多。民言无嘉，憯莫惩嗟。

尹氏大师，维周之氐；秉国之钧，四方是维。天子是毗，俾民不迷。不吊昊天，不宜空我师。

弗躬弗亲，庶民弗信。弗问弗仕，勿罔君子。式夷式已，无小人殆。琐琐姻亚，则无膴仕。

昊天不佣，降此鞠讻。昊天不惠，降此大戾。君子如届，俾民心阕。君子如夷，恶怒是违。

不吊昊天，乱靡有定。式月斯生，俾民不宁。忧心如酲，谁秉国成？不自为政，卒劳百姓。

驾彼四牡，四牡项领。我瞻四方，蹙蹙靡所骋。

方茂尔恶，相尔矛矣。既夷既怿，如相酬矣。

昊天不平，我王不宁。不惩其心，覆怨其正。

家父作诵，以究王讻。式讹尔心，以畜万邦。

此诗最后一章明确指出诗人作诗讽谏的目的：追究王朝祸乱的根源，使国家安宁，这是每一个臣子义不容辞的责任与义务。诗中所反映出来的导致国家混乱的原因大概有以下两点：一是周王近小人，远贤臣；二是佞臣聚集，沆瀣一气。诗人尽其所能一一指出这些导致国家动乱的原因，目的是使统治者看到其自身行为的不足而早日改过，稳定江山社稷。

2. 存忧恤以安民

民本思想在周朝统治中占有重要地位，周人深知民生关乎社稷存亡，只有对百姓心存忧恤的君主，才是贤明有德行的君主，才能得到民众的拥护，才能保持江山社稷的长治久安。周人针对民生提出了一系列主张，如"怀民""保民""显民""康民"。在周人的观念中，君王必须具备德行，而统治者修习自身德行最重要的一部分，就是重视民生，关注百姓疾苦。周在建国之初，将"王德"与"保民"作为政治统治中的重要职责来实行的。到了西周末年，周王不仅自身德行丧失，还任用无德小人，使得"保民""安民"政策成为一纸笑谈。"佌佌彼有屋，蔌蔌方有谷。民今之无禄，天夭是椓。哿矣富人，哀此惸独。"（《小雅·正月》）诗人看到的是小人得势，国家重敛赋役，无德之人享福，百姓却穷苦到无以复加的混乱场面。《大雅·民劳》中，诗人劝诫君王不要让人民过度劳苦，要给予民众休养生息的机会。诗人反复谈及"民亦劳止，汔可小休"，希望通过自己这种"大谏"的方式，能够让君王看到人民疾苦，不要听信小人之言。从这些诗歌中，我们可以看到诗人对周初"敬德""保民"思想的继承与延续，他们对时局有着清醒认识，对天下苍生心怀忧恤之情，面对无德君主勇敢地进行讽谏，这种精神与胸怀值得我们每一个人学习。

3. 用大谏以致中

"大谏"语出《大雅·板》"犹之未远,是用大谏"和《大雅·民劳》"王欲玉女,是用大谏"两处。大谏就是直接指出王政的过失,直言劝谏。《诗经》有许多直言劝谏的诗歌，作者大多头脑清醒，对现实有着清晰的认识，他们试图通过这种严厉的劝谏方式，使君王"无纵诡随，以谨无良"，能够认识自身错误，走向善政。除此之外，这些劝谏者都有着比常人更强烈的忧患意识，对于国之将倾有着更深刻的体会。"觱沸槛泉，维其深矣。心之忧矣，宁自今矣。"（《大雅·瞻卬》）诗人将自己的内心比作不断沸腾的泉水，难有片刻的安宁。"心之忧矣,如或结之"（《小雅·正月》）是说心中的忧愁就像绳子打结一样互相纠缠无法消解。虽然这些诗歌的作者采取的是直言劝谏的方式，但是他们的行为并不失"礼"，反而起到了维护周礼的作用。无论是《大雅·民劳》中如长者一般的谆谆教诲，还是《大雅·荡》中托古讽今的严厉批判，抑或是《大雅·桑柔》的晦暗幽怨，无非都是为了使君王"辟尔为德，俾臧俾嘉。淑慎尔止，不愆于仪"（《大雅·抑》），最终目的都是为了维护周王的统治，使天下安定。

4. 刺乱政以求和

当国家处于动荡不安时，天下必不和。作为亲眼看见这一现状的见证者，诗人们以诗为媒介，自觉肩负起改良政治、整顿朝廷风气的责任，力图使国家重新恢复到周礼统治下的和谐有序。他们首先做的是真实地揭露国家现状。《小雅·十月之交》曰："烨烨震电，不宁不令。百川沸腾，山冢崒崩。高岸为谷，深谷为陵。哀今之人，胡憯莫惩？"洪水、暴雨、地震等自然灾害频发，面对这些现实情况，一国之主却毫无所觉，仍然沉浸在寻欢作乐中。即使面对这样的现实，诗人们仍不放弃，依然尽自己最大的努力规劝周王。之所以这样做，可以在《大雅·板》中找到原因："大邦维屏，大宗维翰。怀德维宁，宗子维城。无俾城坏，无独斯畏。"周王与公卿的关系，就像大宗和宗子，依靠的是血缘关系。可以说，他们与周王同属于贵族统治阶级，在利益上是一致的，维护周王的统治，就是维护他们自身的利益。讽谏所能达到的最佳效果是君王能够警醒并悔改，奸佞收敛言行，政治贤明。"胡不相畏，不畏于天？"（《小雅·雨无正》）这是周王朝的供职者们对周王提出的要求，在今天仍然不失为切实的做人准则。

第五章

王于兴师　修我戈矛——战争

《左传·成公十三年》云："国之大事，在祀与戎。""戎"引申意为战争。周族自发轫，与周边未开化的部落就发生过大大小小的摩擦。周朝建立后，西北戎患频繁，南方荆蛮时有叛乱，山东诸夷亦不平静，历代周王曾多次出兵平叛。春秋时期后，诸侯之间连年征战，难以止戈。由此可见，无休止的战争是周王朝重要的社会主题。《诗经》中的陕西诗歌，保留了许多描写战争的诗篇。这些战争诗内容丰富，牵涉广泛。阅读这些战争诗，可以开阔我们的眼界，使我们对周代陕西地区的文化有更全面的了解。

第一节 周代军礼

学术界对于战争诗的定义可以分为广义和狭义两种。如果从抒情角度、表达内容和表现主体三方面看,可以将战争诗界定为"以参与战争的士卒将领(包括君王)为表现主体,歌咏、抒写他们在战争生涯中的生活状况和情感体验的"。据此,《诗经》中的战争诗主要包括《邶风·击鼓》《邶风·旄丘》《王风·扬之水》《郑风·清人》《秦风·无衣》《豳风·东山》《豳风·破斧》《小雅·采薇》《小雅·出车》《小雅·六月》《小雅·采芑》《小雅·渐渐之石》《小雅·何草不黄》《小雅·祈父》《大雅·大明》《大雅·皇矣》《大雅·江汉》《大雅·常武》《周颂·武》《鲁颂·泮水》《商颂·殷武》《商颂·长发》等22篇。去除掉《邶风》《王风》《郑风》《商颂》《鲁颂》中不属于陕西地区的7篇诗后,《诗经》中隶属于陕西地区的战争诗共有15篇,这属于狭义定义①。广义上的战争诗包括所有与战争相关的诗歌,包括思妇所唱之《周南·卷耳》《周南·汝坟》等11篇思妇诗。在这11篇战争诗中,陕西地区的诗歌占8篇。进一步分析可知,《豳风》多平叛诗,《小雅》多巡守和戍守诗,《大雅》多御侮诗。

由上文可知,《诗经》中的战争诗大部分产生于陕西地区,这既

---

① 王轶.《诗经》战争诗研究[D].安徽师范大学2016年硕士学位论文.

与陕西地处周王畿地区，是国家政治、军事中心有关；又和陕西地处西北，毗邻诸多少数民族有着不可分割的关系。陕西地区的战争诗既能代表周统治阶级对战争的"官方"发言，又能体现秦地独具特色的地方"民间"风情。

一、《诗经》战争诗所涉及的军礼

"国之大事，在祀与戎"，祭祀与战争是周人政治生活中重要的两部分。与战争有关的祭祀礼仪有命卿礼、祀兵、振旅和献俘礼，这些仪式不可避免地反映在《诗经》战争诗中，并且影响着这类诗歌的抒情方式。

1. 命卿礼

西周军队中没有专门的武官，发生战争时由周王临时从六官和六乡的官吏中选拔，这种选拔制度称为命卿制度，所遵从的礼仪称为命卿礼。《诗经》中与册命礼有关的诗歌有《大雅·常武》《大雅·江汉》《小雅·出车》《小雅·六月》，它们并不是对命卿礼的全程记录，仅记载了与命卿礼有关的册命内容。

如《大雅·常武》：

赫赫明明。王命卿士，南仲大祖，大师皇父。整我六师，以修我戎。既敬既戒，惠此南国。

王谓尹氏，命程伯休父，左右陈行。戒我师旅，率彼淮浦，省此徐土。不留不处，三事就绪。

赫赫业业，有严天子。王舒保作，匪绍匪游。徐方绎骚，震惊徐方。如雷如霆，徐方震惊。

王奋厥武，如震如怒。进厥虎臣，阚如虓虎。铺敦淮濆，仍执丑虏。截彼淮浦，王师之所。

王旅啴啴，如飞如翰。如江如汉，如山之苞。如川之流，绵绵翼翼。不测不克，濯征徐国。

王犹允塞，徐方既来。徐方既同，天子之功。四方既平，徐方来庭。徐方不回，王曰还归。

此诗写周王亲征。周王不仅册命了主将，还任命了副将，详细交代了其"率彼淮浦，省此徐土"的职责。

再如《大雅·江汉》：

江汉浮浮，武夫滔滔。匪安匪游，淮夷来求。既出我车，既设我旟。匪安匪舒，淮夷来铺。

江汉汤汤，武夫洸洸。经营四方，告成于王。四方既平，王国庶定。时靡有争，王心载宁。

江汉之浒，王命召虎：式辟四方，彻我疆土。匪疚匪棘，王国来极。于疆于理，至于南海。

王命召虎：来旬来宣。文武受命，召公维翰。无曰予小子，召公是似。肇敏戎公，用锡尔祉。

厘尔圭瓒，秬鬯一卣。告于文人，锡山土田。于周受命，自召祖命，虎拜稽首：天子万年！

虎拜稽首，对扬王休。作召公考：天子万寿！明明天子，令闻不已，矢其文德，洽此四国。

此诗对命卿礼的记载最为详细。从诗中可知，在"江汉之浒，王命召虎"，并在宗庙中"来旬来宣"，召虎两次稽首，作"召公考"献王。第三章至最后一章大意是说在长江、汉水之滨，周王向召虎颁布命令："开辟新的四方国土，料理划定疆土地境。不是扰民不是过急，要以王朝政教为准。经营边疆料理天下，领土直至南海之滨。"周王册命下臣召虎，巡视南方并颁布命令："文王武王受命天下，你祖召公实为栋梁。莫说为了我的缘故,你要继承召公传统,全力尽心建立大功,因此赐你福禄无穷。""赐你圭瓒以玉为柄,黑黍香酒再赐一卣。秉告文德昭著先祖,还要赐你山川田畴。去到岐周进行册封,援例康公仪式如旧。"下臣召虎叩头伏地说:"大周天子万年长寿!"下臣召虎叩头伏地,报答颂扬天子美意。做成纪念康公铜簋,"敬颂天子万寿无期!勤勤勉勉大周天子,美名流播永无止息。施行文治广被德政,和洽当今四周之地。"整体而言,这首诗的内容源自命卿礼,之所以诗中对册命内容没有全部记述,原因有二:其一,册命内容关系到率军出征的主帅、讨伐对象、战略措施、行军路线等内容,是册命礼中最重要的部分;其二,诗歌不是册命文,对于命卿礼内容的选择性叙述,与诗歌体裁和歌颂主题有关。

2. 祃兵和振旅

祃兵和振旅是军队出征及凯旋时的军礼。周人在出师之前,会在近郊陈兵演习,祭祀兵器,杀牲犒赏士卒。

如《小雅·出车》:

我出我车,于彼牧矣。自天子所,谓我来矣。召彼仆夫,谓之载矣。王事多难,维其棘矣。

我出我车,于彼郊矣。设此旐矣,建彼旄矣。彼旟旐斯,胡不旆旆?忧心悄悄,仆夫况瘁。

王命南仲,往城于方。出车彭彭,旂旐央央。天子命我,城彼朔方。赫赫南仲,玁狁于襄。

昔我往矣,黍稷方华。今我来思,雨雪载涂。王事多难,不遑启居。岂不怀归?畏此简书。

喓喓草虫,趯趯阜螽。未见君子,忧心忡忡。既见君子,我心则降。赫赫南仲,薄伐西戎。

春日迟迟,卉木萋萋。仓庚喈喈,采蘩祁祁。执讯获丑,薄言还归。赫赫南仲，狝狁于夷。

此诗记载了举行祃兵礼时军队集合于郊，"我出我车""设此旐矣，建彼旄矣"的壮观场面。凡是军队凯旋，则举行振旅。振旅在献俘礼前举行，是军队在班师回朝的途中所举行的献功于社的仪式。军社有两种，一种是用车载社主随军行进，一种是军队驻营时在军营附近设社。《大雅·常武》最后一章："王犹允塞，徐方既来。徐方既同，天子之功。四方既平，徐方来庭。徐方不回，王曰还归。"即是对周师凯旋途中举行振旅之事的记载。此章首先歌颂周王有勇有谋，当徐方"来庭"并确认"不回"后，王曰"还归"，说明振旅是军队胜利后最先举行的祭祀礼，带有慰劳性质。关于振旅的具体仪式，《春秋公羊传》中有详细记载。

3. 献俘礼

军队凯旋后要在太庙、太社告奠天地祖先，并举行献捷献俘之礼，向君王报告胜利，敬献战利品。西周时期的献俘礼非常隆重，在宗庙中举行并由周王亲自主持典礼。在举行献俘礼时，周王站在堂下东厢前，面朝西；各级官员按照官职品级依次站在中廷，面向东；将帅着作战时的旧戎服朝见君王[①]。献俘礼主要有告献——讯馘——折馘——献馘——燎祭——告成——饮至——祷祖——献俘获——赏赐[②]。《小雅·出车》中的"执讯获丑，薄言还归"与献俘有关。《大雅·皇矣》中的"攸馘安安"与"献馘"仪式有关。《小雅·六月》中的"吉甫燕喜，既多受祉"等句，详细记述了吉甫凯旋后受赏及宴飨的盛况。

---

① 高智群.献俘礼研究[M].北京：中华书局，1992.
② 刘雨.西周金文中的军事[M].北京：科学出版社，1998.

二、军礼对周代诗歌的影响

《诗经》战争诗是对周代军事礼仪文化的生动记述。军礼对诗歌的影响并不仅限于内容，诗人创作诗歌时在结构与用词上也会不知不觉受到军礼的影响。

1. 军礼对诗歌结构的影响

在《小雅》的《采薇》《六月》《出车》《采芑》和《大雅》的《江汉》《常武》等与军礼有关的诗歌中，在章法和结构上表现出章句相似、结构相似的特点。《小雅·采薇》《小雅·六月》《小雅·出车》《大雅·江汉》《大雅·常武》五首，皆六章，章八句，只有《小雅·采芑》例外，是四章，章十二句。王扶汉先生认为"最大的可能应是六篇依同一乐谱填制。这六篇诗也可能是我国依谱填词最有说服力的开端。同时，也可能是自西汉以来乐府诗中鼓吹曲辞的最有说服力的渊源"①。

在结构上，这六首诗都大致遵循了命将出征——作战过程——胜利归来这一基本叙事结构，具体到单首诗歌，在内容上各有侧重。总体观之，《小雅》的诗人更注重描写战争中的普通将士，如《小雅·出车》一诗补充记述了将士奋勇杀敌的原因是不敢忘记与周王之间的盟约。《大雅》更关注描写周王在战争中所发挥的作用，如《大雅·江汉》中记录了周王对召虎的一系列命令。这些诗歌之所以在结构上表现出统一性，与周人的天命观有关。在周人的观念中，天命是发动战争的依据，关系着战争进程，是战争胜利与否的决定性因素。在这种天命观的关照下，军礼就显得十分重要。从《诗经》中所反映的军礼看，军礼包括出征前的命卿礼、祃兵和战争结束后的振旅、献俘礼等祭祀活动。对出征、凯旋时军礼的重视，反映在诗歌上表现为大多描写军队战前和战后的精神

---

① 王扶汉.诗经新论[M].天津：天津古籍出版社，1992.

风貌，而略写战争过程。至于为何采用出征、征战、归来这种时间顺序安排诗歌结构，原因与周人的时间观念分不开。周人以农业为主，生活、劳动和祭祀都随着季节的变化呈现出规律性，这种时间观念呈现在战争诗的创作中，就会表现为诗人将战争过程看作与季节相似的序列变化，从而在结构上形成上述特点。军礼既是这些诗歌创作所依据的文化资源，也是这些诗歌创作的限制因素。严格的仪式感限制了诗人感情的抒发，诗人只能相对客观地记录，淡化个体体验。

2. 册命文对诗歌用词的影响

战争诗在内容上与册命文有相似之处，都表现了当时的礼乐文化，但是两者在表达方式上并不相同。它们虽然在用词及体式上拥有共同的源头，彼此相互影响，但是发展方向不同。首先，诗歌创作是为了歌唱和表演，要求句式整齐，韵脚严密；册命文刻于彝器，相比于格式整齐，更注重内容表达。其次，诗歌可以依据主题对内容进行选择，力求突出重点；册命文要依照一定的格式，详细记录册命的相关内容，可以有所省略，但不能随意组合，诗歌却可以。再次，诗人可以使用套语加强抒情效果，如重章迭唱等艺术手法的使用，这在要求程式化叙述的册命文中完全不适用。礼仪用词对诗歌的影响在《大雅·江汉》一诗中表现得最为明显，诗中出现了大量西周时期的仪式用词，如"秬鬯一卣""天子万年""对扬王休"等。《大雅·江汉》虽然用词受册命文影响，但并不是册命文的复制，而是体现着其作为诗歌的明显特点。

3. 礼仪对诗人选择描述器物的影响

周礼对周人来说并不是抽象的概念，而是一种融化在各种具体仪典中的礼仪细节，一些看似平常的物品背后可能深藏着周代社会的秩序与纪律。《诗经》战争诗中，诗人对旗帜、车马、服饰、金鼓等相关的战争器物的描写，反映了周礼严格的等级制度，显示了周王朝的统治秩序。在《小雅·出车》《小雅·六月》《小雅·采芑》等诗中，诗人描写战车的井然有序和军旗的迎风招展，意在渲染周朝军队纪律严明，以展示周朝军队的强大和不可战胜。在诗人眼中，对这些与战争有关的具体器物的描述，暗含着对周朝军队合乎礼制的肯定，是各级官吏尊卑有序、各司其职、遵守秩序与纪律的象征，也是周朝军队强大不可破的象征。

第二节 征人之心

战争是一把双刃剑，既能成就帝王将相的千秋霸业，也能摧毁家园使百姓生灵涂炭。战争留给历史的感情是深刻而复杂的，处在不同位置的人，对战争的体验各不相同。《诗经》陕西地区的战争诗中，既有对战争胜利满怀激情地讴歌，对帝王将帅武功战绩的赞颂，又有表现个体饱含忧伤与思念的疼痛体验。总体来说，《诗经》陕西地区的战争诗主要以歌颂王朝战争胜利，展示战士凯旋后的慷慨激昂之情为主。

一、《诗经》战争诗的主题类型

《诗经》战争诗产生的年代各不同，反映了周王朝兴衰历史中的多场战争，创作人员分布于参战的各阶层，在抒情内容和表现风貌上呈现出多种特征。《诗经》陕西地区的战争诗按照主题内容大致可分为颂功之歌、军队之歌、哀思之歌、讽喻之歌四种类型。

《诗经》战争诗中存在着一部分颂扬祖先、缅怀先祖功业、歌颂周朝建立的颂功之歌。这类诗歌产生较早，主要分属于《大雅》和《颂》中，以歌颂文王的《大雅·皇矣》和歌颂武王的《大雅·大明》《周颂·武》为代表，是庙堂文学，具有政治功利性。这些诗歌的抒情主体主要是周王室的后继者，他们以追忆的方式回溯先祖开国时期的重大事件，表达出对先祖功业的赞颂，体现了西周初期慷慨激昂、豪迈进取的精神风貌。

《周颂》是周王室的宗庙祭歌，表达的是对祖先的纪念与崇敬，对具体的战争描写比较少。《大雅·大明》与《周颂·武》都是歌颂周武王伐纣克商的功业，《周颂·武》仅仅是概括性地提到了武王伐纣这一事件，并没有继续展开，而《大雅·大明》通过战车、战马等细节描写，具体再现了牧野之战的景象。

正面歌颂战争的诗歌，除去上述所说的赞颂先祖功业的作品外，还有一种表现同时代天子、诸侯、将士战争体验和战争生活的诗歌，以《大雅·常武》《大雅·江汉》《小雅·六月》《小雅·出车》《小雅·采芑》《豳风·破斧》《秦风·无衣》等作品为代表。这些诗歌大多产生于周宣王中兴时期，以反映周宣王平定徐淮、蛮荆叛乱和抵御狎狁侵略为主要内容，以个体化的抒情口吻表达某一参战群体的感情，尤其重在表现他们为国家流血流泪、不怕牺牲、慷慨出征的英雄气概和爱国热情。如《小雅·六月》表现了参战将士无私无畏的参战豪情，上到周天子，下到战场上的每一个普通士兵，在国家危难时挺身而出的勇气与责任感，一样强烈，一样感人。在他们身上体现着那个时代的人格美。

然而，无论人们面对战争多么乐观、英勇、无畏，当战争展示出流血牺牲、嗜血残暴的一面时，仍然会在人们的心灵投下黑色阴影。战争破坏了人们原本平静的田园牧歌式生活，男人们成群结队地离开家乡到远方打仗，父母妻儿和他们从小长大的土地，成为他们心中遥远的、不可触及的梦想。因此，《诗经》战争诗中不可避免地出现表达战争中人们哀思之情的诗歌，这类诗歌主要出现在《国风》和《小雅》中，具体包括《豳风·东山》《小雅·采薇》《小雅·渐渐之石》《小雅·何草不黄》。这些诗歌的作者主要是军队下层官吏和普通百姓，他们常年随军出征，目睹了战争的残酷与惨烈，亲身经历着军旅生活，饱尝骨肉分离之苦和死亡的威胁，是战争中最具发言权的人。他们的诗歌着重表现思乡之情和对战争常年不止的厌恶与怨责,具有强烈的现实性和批判精神。《小雅·何草不黄》一遍遍地发问:"何草不黄,何日不行,何人不将?经营四方……"通过对连天的衰草与无休止奔波的描述,表达了作者内心深处的悲苦与哀怨。战争带给人们心灵的伤害,即使是战争结束、胜利回归,也难以痊愈。正如《小雅·采薇》中所唱:"昔我往矣,杨柳依依。今我来思,雨雪霏霏。行道迟迟,载渴载饥。我心伤悲,莫知我哀!"所有肉体经历的伤痛都会过去,唯有心灵中那他人难以察觉的伤口,总会在深夜发作,令人痛彻骨髓。

战争图

除以上三种外,《诗经》战争诗中也存在着表达嘲讽、批判之情的讽喻诗。这类诗歌在诗人嘲讽和批判统治者昏庸无能的冷笑背后,隐藏的是一颗充满责任感、有着强烈干预现实精神的心灵。他们不幸生在乱世，国家征战不息，政教衰颓，统治者昏庸无能，任用小人，以致贤臣君子无立足之地，眼见社会矛盾激烈，整个王朝呈现出礼崩乐坏的无序状态，内心痛苦难安。根据诗歌讽刺的程度，可以将其分为两类：一种是委婉含蓄、怨而不怒的委婉嘲讽，一种是直言不讳、言辞激烈的直接指斥。如《小雅·祈父》：

祈父，予王之爪牙。胡转予于恤，靡所止居？

祈父，予王之爪士。胡转予于恤，靡所厎止？

祈父，亶不聪。胡转予于恤？有母之尸饔。

这是一首典型的直接指斥类诗歌，在诗歌的开始，诗人直呼"祈父"之名，痛斥其作为"王之爪牙"的卑鄙与下作，以质问的语气表达对征调不公的斥责与不满。然而，即使心中充满怨气，诗人却不得不奉命出征，塑造了一位感情激烈、敢怒敢言、对现实无可奈何的王都卫士形象。

二、周人对待战争的两种态度

从不同角度观察同一事物，有时候会得出完全相反的结论。战争总是与死亡结伴而行，严格来说战争中没有胜利者，无论哪一方在战争中都损失了大量财力和劳动力。但另一方面，战争带来死亡也带来荣誉。对上层贵族来说，发动战争是他们创造丰功伟绩、名垂青史的重要手段。对下层小贵族和普通百姓来说，战争是分离、忧伤和怨愤。《诗经》战争诗中，既有宣传君王将帅历史功绩的战歌，又有表达普通百姓哀伤困顿、厌恶战争的怨曲。

1. 官方态度

如前文所论，《诗经》战争诗的四种主题类型中，前两种颂功之歌和军队之歌都是对君王将帅卓越功勋的赞美，大多保存在《大雅》《周颂》中。这些诗篇通过华丽的辞藻，不遗余力地夸大君王将帅的历史功绩，肯定他们在战争中的决定性作用，以军队的威严与气势宣扬天子王庭的声威，以引起百姓的敬仰膜拜，力求流芳千古。这些诗歌的创作者多为幕府宾客与文史臣官，为了迎合统治阶层的权威，他们自然而然地站在官方立场，自觉歌颂周族先祖的英勇事迹，塑造文德兼备的英雄形象，宣扬胜利，赞美功勋。他们的诗歌表达了上层贵族对待战争的官方意识，他们赞美"王旅啴啴"（《大雅·常武》）是为了表现君王威仪，他们将战争的胜利归结为"天子之功"（《大雅·常武》），至于跟随君王征战的普通将士，则彻彻底底成了王者的附庸与陪衬。战争对上层统治者来说，是彰显国力、建功立业的良机。相比战争带给国民的伤亡与痛苦，他们更看重胜利，更在乎战绩是否丰伟，是否能使后人顶礼膜拜。这样的观念反映在诗歌中，自然表现出对君主将帅、国家荣誉、军功战绩的重视，而将普通士兵符号化，使他们成为威威王师中一个个苍白的标点。

2. 民间态度

相对于官方对于战争的宏大叙事，民间视角表现出一种对战争个体遭遇的人文关怀。这些诗歌大多表现出对战争的厌恶与对亲人的思念，大都保存在《国风》《小雅》中，代表篇目有《豳风·东山》《小雅·采薇》等。其中，《豳风·东山》写道：

我徂东山，慆慆不归。我来自东，零雨其濛。我东曰归，我心西悲。制彼裳衣，勿士行枚。蜎蜎者蠋，烝在桑野。敦彼独宿，亦在车下。

我徂东山，慆慆不归。我来自东，零雨其濛。果臝之实，亦施于宇。伊威在室，蠨蛸在户。町畽鹿场，熠耀宵行。不可畏也，伊可怀也。

我徂东山，慆慆不归。我来自东，零雨其濛。鹳鸣于垤，妇叹于室。洒扫穹窒，我征聿至。有敦瓜苦，烝在栗薪。自我不见，于今三年。

我徂东山，慆慆不归。我来自东，零雨其濛。仓庚于飞，熠耀其羽。之子于归，皇驳其马。亲结其缡，九十其仪。其新孔嘉，其旧如之何？

《豳风·东山》描写一位新婚不久就随军东征，多年未归的士兵回家途中思念家人的情景，表现了其对战事的厌倦，对和平生活的渴望。士兵随军东征已经很久了，在这个阴雨蒙蒙的日子，他终于踏上了回乡的路。"慆慆不归"一语透露出对岁月流逝的无限感慨，"零雨其濛"的景色使全诗笼罩着一层愁惨气氛。第一章写士兵欣喜自己能够生还，他一听说要离开东方，心儿就飞到了西方的家乡，兴奋地想象自己不再从事征战。第二章写士兵想象家园已经荒芜，无人修剪的瓜蒌爬到房檐上结子，土鳖在屋里跑来跑去，蜘蛛在墙角结网，场院上印着鹿迹，磷火飞来飞去。但这没有什么可怕的，因为这是他日夜思念的地方。第三章写士兵想象妻子因思念他而叹息。第四章回忆3年前新婚时的情景，设想着重逢的欢乐。

此诗以十分细腻的笔触刻画了士兵在回乡途中复杂的内心活动和对和平生活的热切渴望。士兵回忆了战争生活的艰辛，却用大量篇幅描述他在途中想象家中的心理活动，想象着他出征以后家园的荒凉，想象着妻子在家的盼望。种种悬想最后在接近家乡时，更联想到当年新婚的美好，而设问如今会怎么样呢？"其旧如之何？"这种担心既表现出他内心的渴望，又反映出他对战争造成的后果的担心。因此，《豳风·东山》在表现士兵对家人的思念之外，也表达了对战争的看法。

《小雅·采薇》写道：

采薇采薇，薇亦作止。曰归曰归，岁亦莫止。靡室靡家，狁之故。不遑启居，狁之故。

采薇采薇，薇亦柔止。曰归曰归，心亦忧止。忧心烈烈，载饥载渴。我戍未定，靡使归聘。

采薇采薇，薇亦刚止。曰归曰归，岁亦阳止。王事靡盬，不遑启处。忧心孔疚，我行不来！

彼尔维何？维常之华。彼路斯何？君子之车。戎车既驾，四牡业业。岂敢定居？一月三捷。

驾彼四牡，四牡骙骙。君子所依，小人所腓。四牡翼翼，象弭鱼服。岂不日戒？玁狁孔棘！

昔我往矣，杨柳依依。今我来思，雨雪霏霏。行道迟迟，载渴载饥。我心伤悲，莫知我哀！

《小雅·采薇》全诗六节，以一个戍卒的口吻来写，以采薇起兴，前五节着重写戍边征战生活的艰苦、思乡情绪的强烈及长久未能回家的原因，从中透露出士兵既有御敌胜利的喜悦，也有深感征战之苦，流露出期望和平的心绪；第六节以痛定思痛的抒情结束全诗，感人至深。此诗运用了重叠的句式与比兴的手法，集中体现了《诗经》的艺术特色。末章头四句，抒写当年出征和此日生还这两种特定时刻的景物和情怀，言浅意深，情景交融，历来被认为是《诗经》中最有名的诗句之一。

在统治者的世界里，战争不过一个"战"字，只要一声令下，自然有人冲锋陷阵，自然有人浴血奋战。战争对于他们，更像是一个智力游戏，没有硝烟弥漫，只有尔虞我诈。在民间看来，战争却不是游戏，参战士兵也不是"士兵"这样一个符号化的群体，他们是一个个具体的人，是妻子的丈夫，是孩子的父亲，有血有肉，会痛会哭会难过。冲杀在第一线的士兵目之所见皆是杀戮与死亡，但自身的遭遇并不是让他们最绝望的，最让他们放心不下的是远在千里之外的父母妻儿。家里还好吗？地里少了主要劳力，活儿都干完了吗？孩子们的吃穿用度都还够吗？年迈的父母，没了自己的照料，过得还好吗？正是这种对战争的直接体验，对战争之苦的切身体会，使得这些下层士兵和官吏对战争的体验更为复杂与深刻。这些代表普通民众的声音，脱离了官方意识形态，成为与之相对立的来自民间的态度。

三、秦人与战争

秦人最初生活在甘肃天水一带，西周初年迁徙到渭水流域。因为养马有功，被封为"附庸"。周平王东迁时，秦襄公护周有功被封为诸侯。当时的秦人主要以射猎为生，又因为长居渭水流域，经常与西戎交战，造就了秦人尚武、乐战的性格，谱写了许多慷慨激昂的战歌。尚武并不是秦人特有的文化品质，只是在《秦风》中"尚武"是最突出的表现主题。

秦人在周代与戎狄的关系非常紧张，斗争非常激烈。伐戎是秦国政治活动中的重大事件，这既与秦人自身的生存有关，又是身为诸侯保卫王室的责任。伐戎在《秦风》中多次有所表现，透过这些伐戎诗歌，我们略能一睹秦人风采。

1.《秦风》所体现出的尚武精神

在《秦风》中，最能体现秦人尚武风气的诗歌是《秦风·无衣》，诗中写道：

岂曰无衣？与子同袍。王于兴师，修我戈矛。与子同仇！

岂曰无衣？与子同泽。王于兴师，修我矛戟。与子偕作！

岂曰无衣？与子同裳。王于兴师，修我甲兵。与子偕行！

这是秦人驱逐西戎、抵御侵略时，表现士兵团结一致、同仇敌忾的诗歌，全诗充斥着慷慨激昂的士气，鼓舞士兵奋勇作战。"与子同仇""与子偕作""与子偕行"等句，说明秦虽然马上就要上战场了，但是语气中充满坚定，没有一丝一毫的犹豫，体现的正是秦人果敢勇猛、忘死轻生的一面。全诗感情激荡、气势非凡，极像了一首战士进行曲，表现出慷慨雄壮的爱国主义激情和一往无前的大无畏精神，是一篇不可多得的爱国主义诗篇。

《秦风·小戎》写道：

小戎俴收，五楘梁辀。游环胁驱，阴靷鋈续。文茵畅毂，驾我骐骓。言念君子，温其如玉。在其板屋，乱我心曲。

四牡孔阜，六辔在手。骐骝是中，騧骊是骖。龙盾之合，鋈以觼軜。言念君子，温其在邑。方何为期？胡然我念之。

俴驷孔群，厹矛鋈錞。蒙伐有苑，虎韔镂膺。交韔二弓，竹闭绲縢。言念君子，载寝载兴。厌厌良人，秩秩德音。

《秦风·小戎》严格意义上说并不属于战争诗。此诗写妇人对外出作战的丈夫的思念，从侧面反映秦与西戎作战的情形。令人称奇的是，这位妇人谈论起当时的战争武器、车马装备，竟然如数家珍。而且，论及丈夫，她也无比思念，她也辗转反侧，但她对丈夫外出征战没有丝毫怨恨，反而以他为荣。如果说《秦风·小戎》通过这位思妇之口所描述的车马之盛、武器之精良是秦人重视征战的物质证明，那么这位妇人对丈夫的态度则是秦国全民尚武、乐战的内在证明，反映了普通百姓对国家战事的全力支持。

2. 秦人尚武的原因

秦因为特殊的地理位置，既能接触到西部诸戎，又靠近周王室，受到周礼的熏陶，在文化上表现出一种兼容并包的开放性。秦文化的特点，在《秦风》中均有所反映。

首先，秦文化表现出功利性、集权性与开放性兼而有之的特点。崇尚战功、关心政治是秦文化功利性最明显的表现，《秦风·小戎》《秦风·无衣》正是这种重视政治功利性的产物。集权性与秦人长期处于军事状态有关，战争要求将领必须具有高度权威，下级对上级必须无条件服从。开放性表现在秦对戎狄文化的吸收，秦发达的畜牧业、淳朴剽悍的民风及其尚武精神，都和长期与戎狄杂居有关。

其次，秦人受周族影响，在文化上表现出崇尚礼乐教化，重人事、远鬼神，崇尚君子人格等特点。《秦风》中对秦人受周崇尚礼乐教化影响的表现，主要体现在对车舆、马政、田猎等礼仪的吸收，《秦风·车邻》是很好的例证，诗中写道："有车邻邻，有马白颠。未见君子，寺人之令。阪有漆，隰有栗。既见君子，并坐鼓瑟。今者不乐，逝者其耋。阪有桑，隰有杨。既见君子，并坐鼓簧。今者不乐，逝者其亡。""重人事、远鬼神"这一观念在《秦风》中表现为诗歌对现实的关注，注重及时行乐。《秦风·小戎》中思妇对丈夫"言念君子，温其如玉"的形容，体现了对君子人格的肯定和追求。

第三节 战车与马车

商周时期的战争形态主要有陆战和水战两种。水战主要发生在南方地区，陕西地区地处内陆，不擅长水战。《史记·周本纪》中记载周昭王南巡伐楚，楚国无力抵抗周朝大军，于是，献给周昭王一艘用胶粘合的船，周人不知是计，乘船至汉水中游，船胶脱落导致全军覆没，连周昭王也被淹死。最早关于水战的记载出自《左传·襄公二十四年》，约为公元前549年。纵观先秦史可以发现，水战并不是商周时期战争的主流。

陆战分为野战、要塞攻防战和城池。我国在原始社会末期就已经出现颇具规模的城池，与城池发展有关的城市攻防战却出现的比较晚，《大雅·皇矣》中的"询尔仇方，同尔兄弟。以尔钩援，与尔临冲，以伐崇墉"是迄今为止有记载的最早的关于城市攻防战的资料。这场战争大概发生在商代末期，是周文王受命之后进行的伐崇战争，诗中"临冲闲闲，崇墉言言"是说战士驾驶可以攻城的战车，从旁冲破崇国高大的城墙。西周后期城池发展缓慢，直到春秋时期开始大量出现城池，但这一时期的军队装备并不支持迅速夺取城池，攻占城池需要耗费巨大的人力、物力和时间，不到万不得已，很少发生城池之战。因此，城池、要塞攻防战并不是陆战的主要形态。

商周时期主要的战争形态是野战。野战是地面战争的一种，军队在城市和要塞以外的地区对阵，相互攻杀。商晚期以前的野战以步战为主，商晚期开始出现较成熟的车战。周代的野战方式主要为车战。周武王伐纣时，军队已经使用马驾战车，如《大雅·大明》中的"牧野洋洋，檀车煌煌"。从有夏一代开始小规模使用战车到春秋时期发展到鼎盛，车战作为我国先秦时期的主要作战方式长达百年。《小雅·采芑》写周宣王南征时说："其车三千，师干之试"，当时一个国家所拥有的战车数量已经成为衡量这个国家国力的重要标准。

一、檀车煌煌

《诗经》有关车的诗句很多，《小雅》中标题涉及"车"的就有《出车》和《车攻》两篇。在前文所列的 15 首陕西地区的战争诗中，提到车的有 10 首之多。《诗经》中的车按照用途主要分为征战之车、狩猎之车、婚嫁之车。征战之车，在诗中有很多种称呼，发挥的作用也不一样。《小雅·出车》"我出我车，于彼牧矣"中的"车"和《小雅·六月》"六月栖栖，戎车既饬"中的"戎车"通指兵车。《大雅·皇矣》"与尔临冲，以伐崇墉"中的"临"指临车，"冲"指冲车，它们都是攻城的主要器具。临车是一种可以居高临下用来攻城的战车。冲车又叫"对楼"，依靠冲撞的力量破坏城墙或城门。《大雅·常武》"进厥虎臣，阚如虓虎"所提到的"虎臣"是一种冲锋兵车，性质如后世的敢死队。在军队的行列中，戎车、临车、冲车和虎臣等都属于上乘甲士随步兵的轻便攻车。还有人挽之车——辇和驾牛的辎重车，这在《小雅·黍苗》"我任我辇，我车我牛"中有具体描述。《小雅·无将大车》"无将大车，祇自尘兮"中的"大车"指辎重车，并不是由甲士驾驶，《毛传》认为此车是军中"小人"驾驭。这些征夫白天驾车，晚上团宿于车下，《豳风·东山》曰："敦彼独宿，亦在车下。"

《诗经》中众多关于战车的记录，都与当时的战争有关。从周文王伐崇、武王伐纣，到周公平定三叔之乱、西征西戎、北伐猃狁、东践徐淮、南平荆蛮，处处可见煌煌战车的身影，由此可见战车在当时战争中占据的重要地位。

狩猎之车常见的为四马拉车，《小雅·吉日》中的"田车既好，四牡孔阜"，将打猎之车称为"田车"。《秦风·驷驖》中的"輶车鸾镳，载猃歇骄"，"輶车"是打猎时用于驱赶堵截野兽的轻便车。

婚嫁之车主要用在婚姻"六礼"中的"亲迎"，描写婚礼用车时主要突出数量众多、铺陈繁盛、装饰绮丽的特点，如《大雅·韩奕》中的"百两彭彭，八鸾锵锵"等。

此外，《诗经》中的车还有出游、载物、驿传、探亲等多种功用。

商周时期的车多为独辕、两轮、长毂，被称为独辀车。《秦风·小戎》比较集中地描写了当时的兵车形制。根据《考工记》记载，周代特别尊崇制作车舆的工官，车辆的不同部分都有专门的工匠负责，有"车人""轮人"（专门制造轮子）"舆人"（专门制造车厢）和负责制造车辕的"辀"等。周人对车轮及有关部件要求很高，认为判断一辆车的好坏，主要看轮子。这种对于车辆内部细节的关注，在诗中有多处反映。《小雅·车辖》曰："间关车之辖兮，思娈季女逝兮。""车辖"是车轴的部件，是行车的关键。

古时造车的材料以木料为主，除榫、楔外，轴、辀、伏兔、横木等部件的连接都是依靠皮条捆缚。为了减轻车的重量，木料要选择坚硬、质轻的材质，一般以檀木为上等，即《大雅·大明》所谓"檀车煌煌"。车轼等用藤条揉制、编制而成。车造好后表面要上漆，颜色以黑、红为主，《小雅·采芑》中的"路车有奭"，"奭"指战车鲜红。在轮牙、车辐等醒目位置要绘制精美图案，在车各路部件的末端都要装上金属套饰，材料以青铜为主，有的鎏金，有的错金银，少数用骨、玉，具体的装饰视车主身份而定。

《诗经》中车的使用制度，主要有三种：一是王和诸侯所乘之车。《小雅·采菽》中的"虽无予之？路车乘马"，"路车"是天子赐给诸侯使用的大车，装饰有金、象牙、革等，等级很高。二是王后及命妇所乘之车。周代贵族等级不同，乘车形制也不同，贵族妇女用车与男性也有差异。男子所乘有玉、金、象、革、木这五路之车，女子的五路之车是重翟、厌翟、安车、翟车和辇车。女子所乘之车用翟的羽毛、贝壳等装饰，车厢会用帐篷、帘子等遮盖起来。三是辅佐之臣所乘之车。《周礼·春官宗伯·巾车》曰："服车五乘：孤乘夏篆，卿乘夏缦，大夫乘墨车，士乘栈车，庶人乘役车。"[①] 孤卿以下都是辅佐之臣，服车就是这些为贵族服务的官员所用的车。

马车车辆规格的差异和车中位置的不同也体现出周代等级制度。根据逸礼《王度记》记载，不同等级的贵族驾车时使用马匹的数量不同，天子使用的是六匹马，诸侯使用的是五匹马，卿使用的是四匹马，大夫、士和庶人分别是三、二、一匹马。关于车中位置，左边的"甲首"承担指挥步兵的任务，右边负责近距离攻击，中间为驾车人。古人以左为尊，居左边位置为身份最高者。

战车上一般有三名乘员，分别是车左、车右和御者。车左居左，负责指挥作战，身份最高；车右居右，负责格斗与攻击；御者负责驾驶车辆，控制车辆的行动。车左和车右的武器装备比较精良，两人有三套兵器：在接近敌人之前，车左使用远程兵器（弓弩）攻击；

---

① 周礼[M].徐正英，常佩雨，译注.北京：中华书局，2017.

靠近敌人之后，车右使用长兵器（戈、矛、戟等）与敌人搏斗；一旦车辆被毁，使用护身兵器（刀、剑、匕首等）进行格斗。战车上乘员使用的格斗兵器控制范围越大，则车战越占优势。制造战车的花费巨大，工艺要求也非常高，不仅要美观，还要坚固、威武。战车并不是人人都有，只有贵族才能拥有战车或充当车上的乘员，而且对乘员的要求很高，必须精通射术和御术。昂贵的战车和高贵的身份，注定乘员和战马都配有相当不错的防护装备，常见的有用青铜、皮革制成的甲胄和盾牌。两军对战时，双方战车相向而驶，相遇交错时车上乘员进行格斗。车后常紧随有一定数量的徒兵，人数从几名到几十名不等，他们手持简陋兵器，跟在车后奔跑，风险很大，伤亡率高。与车兵相比，徒兵的地位较低。

战车图

二、四牡骓骓

马在殷商时期已成为六畜之一，是商周时期重要的家畜，在当时的社会生活中扮演着重要角色。周人对马十分尊敬，周王在春季田猎前要祭祀马神，这种祭祀马神的仪式称为执驹礼，在驹尊铭文中可以见到。《周礼》将马按照用途分为种马、戎马、齐马（仪仗用）、道马（驿用）、田马（狩猎用）和驽马（杂役用）六种。《诗经》中对车的描写与记载，总是和马联系在一起，通过对马的描写与赞扬，来衬托车的雄伟。古人常以马的身高、毛色为依据来区分马的品质，《诗经》中有较完整的记载。

《周礼·夏官司马·廋人》曰："马八尺以上为龙，七尺以上为騋，六尺以上为马。"[1] "马"原是六尺以上马匹的专用名，因为六尺之马最为常见，所以变成马匹的通称。马在《诗经》中出现频率较高，《大雅·韩奕》曰："其赠维何？乘马路车。"驹是身材比较小的马匹，大概在五尺以上、六尺以下，见于《小雅·皇皇者华》中的"我马维驹，六辔如濡"。騋见于《鄘风·定之方中》，騋马的身材比较高大，在陕西诗歌中比较少见。

马按照毛色可以分为纯色马、局部杂色马、杂色马和其他马四类。纯黑色的马称作"骊"，赤黄色的马称作"骍"。其中纯色的马十分珍贵，夏人以黑色为贵，常用骊马祭祀和征伐。周人以赤色为贵，常用骍马为阳祀祭物。《秦风·驷驖》中提到的"驖"，是骊马的一种，毛色呈赤黑色，性格剽悍，难以驾驭。局部杂色马在《诗经》陕西地区的诗歌中出现较多，《秦风·小戎》中提到的有"骐""騧""骊""驖"，还有出现在其他诗歌中的"骆""骎""騵""驒""騢""鱼""白颠"等。杂色马有"骅""驳""駂""駓""騢"等。其他还有"黄""骐""驳""騂"

---

[1] 周礼[M]. 徐正英，常佩雨，译注. 北京：中华书局，2017.

"骍""皇"等。关于马的种类,《秦风》和《鲁颂》中记载的比较多。

先秦时期驾车使用的主要是"轭靷式系驾法",即将车轭套在马脖子上,收紧轭脚上的皮带使其固定,然后系两根靷绳,靷绳系在两轭靠辀侧的轭脚上。靷绳在舆前合并成一根捆在车轴中间,驾车时马以肩胛两侧通过靷受力带动车辆前进。商代车辆主要是两马驾辕,商代末年开始出现一车四马制。四马驾辕,中间套车轭的马称为"服马",两边的马叫"骖马",骖马的靷套在胸前。《小雅·采菽》中的"载骖载驷,君子所届","骖"指三匹马驾一车,"驷"指四匹马驾一车。

马与车一样,有着严格的使用制度。不同场合对马匹有不同的使用要求,祭祀、朝觐要求使用纯色马,军马要求必须强壮有力可以长时间负荷战车移动,田猎要求马能迅速追击猎物。《诗经》中频繁出现的马饰,也存在着鲜明的等级差异。《小雅·采芑》中的"路车有奭,簟茀鱼服,钩膺鞗革","钩膺"是一种等级极高的马饰,一般诸侯没有资格使用,除非天子特别赏赐,否则不能随便使用。

在周文化中,马不仅是社会生活的载体,也是周文化精神的体现。《诗经》中注重描述马的外在形态美,突出马的高大健壮,赞扬马的俊美、轩昂。《秦风·小戎》中的"四牡孔阜,六辔在手。骐骝是中,騧骊是骖",描写了一群骏马健美、飘逸的神采,实际上是通过讴歌马匹的健壮衬托人的英姿勃发。《小雅·采芑》中的"方叔率止,乘其四骐,四骐翼翼",人马浑然一体,威风凛凛,神采飞扬。马是成年男子展示男性力量的客体,表现了周人重外貌、风度与阳刚美的审美意识。《诗经》与马有关的诗歌中,马拥有人的感情,高昂的马头、成群的马队代表的是昂扬向上的精神。《小雅·白驹》中的"皎皎白驹,在彼空谷。生刍一束,其人如玉"以马喻人,用"白驹"指代拥有美好品质的贤者，体现的是人的内在精神，是周人敬德思想的侧面表达。需要注意的是，在《诗经》战争诗中，马的力量、姿态和神气象征着人们渴望建功立业的雄心壮志和英雄主义情怀，这在以《秦风·小戎》为代表的《秦风》中表现得尤为明显。《诗经》战争诗中对于马患病、疲劳的描写，反映了人们的厌战情绪。《周南·卷耳》中的"陟彼高冈，我马玄黄"，人与马精疲力竭、形容憔悴，体现了战争带给人们的巨大伤害。

第四节 兵器及其他

兵器是战争重要元素之一，兵器的产生与发展和战争紧密相关，两者相辅相成，相互推动发展。我国青铜时代开始于夏代，在此之前的兵器为石制、骨制和蚌制，夏代之后逐渐转向青铜，战国末期开始出现铁制兵器，先秦时期仍以青铜兵器为主流。《诗经》战争诗中涉及很多作战时使用的兵器，通过对这些先秦时代兵器的研究，可以从侧面补充对先秦战争的认识，从而更加全面地了解先秦时期陕西地区的历史与文化。

青铜进攻性兵器按照用途可分为两类，分别是远射和格斗。

一、远射——弓弩

弓的起源比较早，在《世本》《山海经》等古代文献中都有记载，很多神话故事也与弓有关，如后羿射日的传说。最原始的弓是用单片木材或竹材弯曲制成的单体弓，以动物筋或丝线为弦。商代时，弓成为一种重要的远射兵器。约公元前1500年，中东

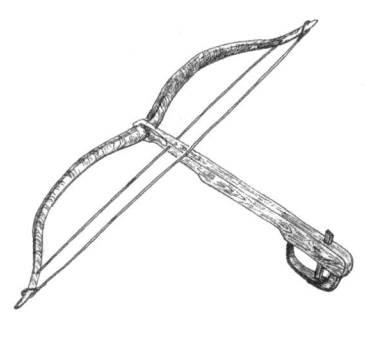

弩

和亚洲地区出现了"混材弓"，即复合弓。东周时期制弓技术进一步发展，

据《考工记》记载当时制弓使用的材料有干、角、筋、胶、丝、漆六种。周人以木材或竹材多层叠合制作弓身，将动物角片、筋和胶黏在珠片上，用丝线缠绕固定后漆髹，用动物角制成挂弦的弭，用动物筋或丝线做弦，一把工艺成熟的复合弓就诞生了。《小雅·角弓》中的"骍骍角弓，翩其反矣"，清楚地提到了角弓及反弓的特点。角弓根据不同位置的受力需求而采用不同的材料，与普通的木弓相比，占用空间小，更适合在马车或马背上使用。角弓的发展与商周时期多车战的战争形式有关。

弩是一种改良的弓，装有木制或金属发射器，比弓箭拥有更大的杀伤力。弩的起源说法不一，现存最早的弩发现于1952年发掘的湖南长沙南郊扫把塘战国楚墓中。根据《吴越春秋·勾践阴谋外传》记载，弹是最早产生的，弓在弹的基础上产生，弩在弓的基础上发明。春秋战国时期，战争形态扩大，弓和弩成为军队中最重要的武器。《周礼·夏官司马》提到了四种弩：善于进攻和防守的夹弩、庾弩，善于车战和野战的唐弩、大弩。

弓、弩都需要依靠箭作为力量载体，箭对弓、弩力量的发挥有重要影响。商周时期的箭杆使用轻而有韧性的竹、木材料，箭羽以雕翎为上，雁鹅羽为次。箭羽可以使箭按照预定的角度飞行

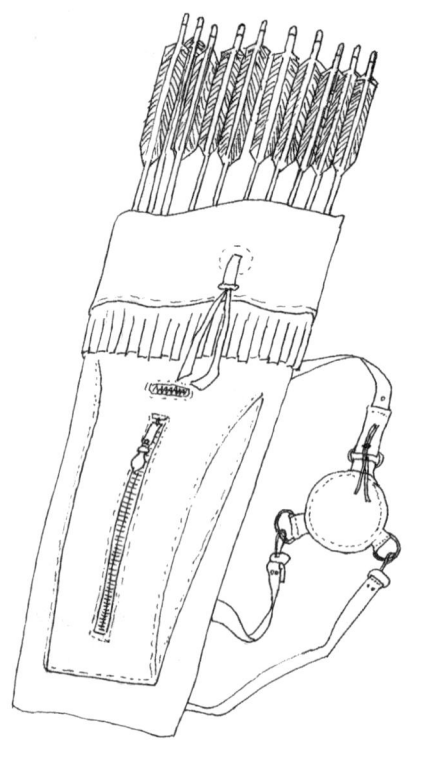

箭箙

和降落。箭镞多为青铜质地，中有凸脊，呈倒须式，杀伤力非常大。据《周礼》记载，不同威力的矢，适用于不同场合[①]。放弓矢的专门器具有竹制、皮制等，名称也有很多。《小雅·采薇》中的"象弭鱼服"，"象弭"指用象牙做弭的弓，"鱼服"指用鱼皮做成的箭袋。使用时，箭镞向下，箭在袋内排成一排，羽端在外。《秦风·小戎》中的"虎韔镂膺，交韔二弓，竹闭绲縢"，"虎韔"指虎皮做成的弓囊，"镂膺"意为在弓囊上刻花纹。

二、格斗兵器

商周及春秋战国时期的主要格斗兵器有戈、矛、长体刀、戟、铍、殳、斧、钺、戚、剑，材质以青铜为主。其中，戈、矛、长体刀、戟、铍、殳、斧、钺、戚属于长兵器。在以车战为主的时代，长兵器在战争中发挥着重要作用。短兵器包括剑和刀，只有双方近身格斗时才会使用。有关周代刀的出土文物和文献记载都比较少，暂不研究。

戈、长柄、横刃，是青铜时代最重要的长兵器。戈在夏代已经运用于实战，在商代有了长足发展，在周代开始定型发展。西周时期的戈主要有内直、短胡、中胡和长胡四类。西周戈的发展与车战的发展密切相关。战国时期，随着戟、剑等兵器的发展，戈在战争中的地位下降，中、长形的胡戈成为主流兵器。《诗经》中有许多诗篇提到戈。

矛是最古老的兵器之一，长柄，有刃，可以用来向前刺杀敌人。青铜矛的发现晚于青铜戈。目前所知的商代青铜矛有三种，分别是早期的柳叶形矛和晚期的双纽式矛、双孔式矛。西周早期青铜矛与商代晚期青铜矛的样式并无太大区别，到西周中期以后矛体逐渐变窄。《秦风·小戎》中的"厹矛鋈錞"，"厹"是一种矛头为三棱形的长矛。矛、戈是近战格

---

① 周礼[M].徐正英，常佩雨，译注.北京：中华书局，2017.

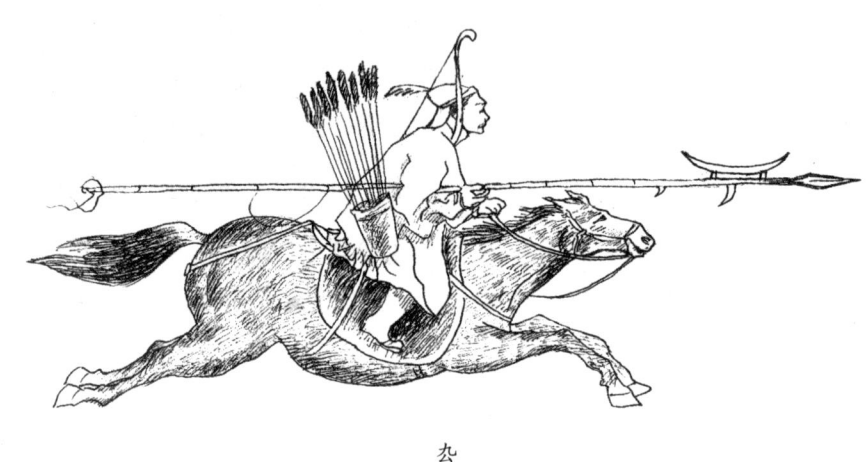

兵

斗的主要代表武器，常连用。《秦风·无衣》曰："修我戈矛，与子同仇！"

长体刀是商末周初的一种特殊兵器，多为窄长体，单面刃。高西省先生将长体刀分为陕北、晋西北地区、关中地区、中原地区和其他地区四类。关中地区的青铜长体刀有直刃卷锋有内、直刃卷锋有穿、直刃卷锋镂空三式，长度在31~44厘米，宽度在3.2~6.7厘米。

戟是矛和戈的合成体，是我国古代独有的一种兵器，最晚出现于商代，在先秦兵器的地位中仅次于戈。戟是一种复合型兵器，兼具矛和戈的优势，既有直刃，又有横刃，杀伤力胜过矛和戈。东周时期由于骑战和步战兴起，戈的功能不能满足战争需求，戟融合了戈与矛的优点，正面突刺的能力非常强，这一时期军中开始大量装备戟。《秦风·无衣》曰："王于兴师，修我矛戟。"

殳的本义是一种用竹或木制成的，起撞击或前导作用的兵器，起源最早可以追溯到新石器时代晚期。目前发现的最早的铜殳是出土于宝鸡竹园沟西周早期墓葬BZM13的一件三刺铜殳。从西周到东周，殳的杀伤力不断提高，到东周时期，铜殳的功能已偏重于野战搏杀。《卫风·伯兮》曰:"伯也执殳,为王前驱。"

斧因为具有杀伤力,也用作兵器。斧、钺、戚属于同一类武器,钺的形制大于斧,戚的大小在斧、钺之间,戚与斧、钺的最大区别是刃向内收。在陕西扶风、淳化等地都出土过商周时期的青铜戚,戚的流行时间比较短,西周后期就很难再见到。钺在商周时期地位比较重要,形制也比较多,当时在北方流行一种管銎钺。《豳风》中的《破斧》以斧为题名,表达了激烈战争后战士喜获生还的愉悦心情。《大雅·公刘》曰:"弓矢斯张。干戈戚扬,爰方启行。""扬"是"钺"的别称,此句较全面地反映了当时战场上使用的主要兵器。

剑在《诗经》中出现较少。商代开始出现青铜剑,西周初期也有青铜剑。根据《逸周书·克殷解》记载,牧野之战后,周武王进入朝歌,到达纣王宫殿后,以轻吕击杀纣王,最后用黄钺斩之。"轻吕"一般被认为是剑名,这可能与剑源自西域草原地区有关。先秦时期的剑有中原剑式,还有巴蜀、滇、吴越等式,其中吴越剑式最为有名。1956—1957年在今西安市长安区张家坡西周墓中,曾出土过一把形如柳叶的青铜短剑。剑器身短,攻击范围较小,不适于车战,在春秋以前并不受重视,因而在《诗经》中很少见到有关剑的记载。

除了上述主要兵器外,《豳风·破斧》中的"既破我斧,又缺我斨""既破我斧,又缺我锜""既破我斧,又缺我銶",还提到了"斨""锜""銶"三种兵器。斨是一种方形的斧子,《豳风·七月》曰:"取彼斧斨,以伐远扬。"锜是与三尺锄相类似的武器。銶是像锹一样的武器。

三、防护具

防护具主要指人、马的防护器具,包括甲胄、马铠、盾牌。

甲指甲衣,是士兵所穿的防护衣,用金属制成的甲称为铠。胄指头盔,是用来保护士兵头部的帽子。胄是战国以前的称呼,战国时称兜鍪。原始护甲主要由树皮、藤条、兽皮等材料制成,随着青铜冶铸技术的普及,西周时铠甲逐渐向金属材料发展,出现了青铜甲。但此时制作甲衣的主要材料仍然是兽皮,其中常见的是牛皮,比之更坚固耐用的是犀、兕的皮。关于先秦皮甲的材料、规格、制作技术和检验皮甲质量的方法等,《考工记·函人》做了详细叙述。为了使甲衣能够贴合人体、便于行动,古人通常会把一张完整的兽皮裁成小块的甲片,然后用丝线缀连起来。在增强甲衣的防御力方面,古人把两层或多层的兽皮合在一起制成"合甲",使其更加牢固。除此之外,人们还会在皮甲的重要部位钉缀铜饰。西周时期的铜甲饰物,大多呈圆泡形。

胄产生的时间稍晚,大概在殷商时期。根据考古发现,青铜胄的数量多于青铜甲,这是因为青铜在当时比较贵重,胄保护头部,头比身体更重要,故采用更加坚固的青铜。不少青铜胄的表面都铸有兽面纹或巨大的双目纹,雕刻精美,表面打磨得非常光滑。当然也有皮制胄,即使到了秦始皇时,秦国的胄仍是皮制。西周时期军队的个人防护装备主要为髹漆皮甲胄,皮胄的皮胎外髹黑色或棕色漆,用朱砂染成的丝带编连。《鲁颂·閟宫》中的"贝胄朱綅","朱綅"是缀甲用的红丝带。周人尚赤,戎服以红色为主,搭配黑色或深褐色的皮甲胄,整体非常美观、大气。

先秦时期的马铠以皮甲为主,至于当时是否存在金属马铠,仍然存在争议。从出土的已经复原的马铠来看,主要分为马胄、颈甲和身甲三部分,均由皮甲片编织而成,髹黑漆。战马披上厚重的马铠,可以有效地保护头、颈和身体,避免敌方兵器造成致命伤,长久地保持战斗力,使战车的威力发挥到极致。

盾的历史非常悠久,最早称为"干",是一种手持防护武器,用来抵挡野兽或敌人的攻击。盾常和格斗兵器一起出现，神话传说"刑天舞干戚"中，刑天就是一手拿盾，一手拿斧。随着戈的普及，"干戈"一词常用来指代兵事，《大雅·公刘》中就有"干戈戚扬"的诗句。盾的材料一般为藤、木、草、铜和铁等，东周时期常以木头或兽皮为主要材料。盾的形状多为方形或圆形，方形较长，圆形较短，大小以能保护人的重要部位而不影响行动为宜。从出土文物看，周代的盾一般呈对称双弧形，外髹漆，有花纹装饰。还有些皮盾，为了增强防护力，会在表面镶嵌青铜铸造的饰品。

无论是进攻性兵器还是防护器具，周代兵器的发展都与车战这一主要作战方式密切相关。兵器在形制和种类上，最大限度与车战协调，利于车战的得到发展，不利于车战的被舍弃。总而言之，周代一切兵器的发展进化都以增强车战时的战斗力为最终目的。

四、军队三官

旗、鼓、金是古代战场上用作指挥的工具，被合称为军队"三官"。

旗帜起源于羽旄和图腾，按照用途可分为军事用旗、祭祀用旗、朝聘用旗、燕射用旗、田猎用旗、丧葬用旗。军事用旗在先秦旗帜中占核心地位，在战阵中发挥着重要作用，是军队的标记。在战争中，旗帜是召集士卒集合的标志，是指挥军队进退的信号。除此之外，旗帜可以增强军队气势，壮大军威。先秦战车上总是装饰着五花八门的军旗，《周礼》《诗经》及诸子百家的著作中对其记载很多。

先秦战车的军旗主要由縿、旒、旆、干四部分组成。縿指旌旗的正幅，幅面上画着不同的标志，用以区分各种旗帜。旒是旌旗上梳齿样条带的装饰物，是爵位高低的标志。旆是旗末端状如燕尾的垂旒，旗上挂旆是开战的标志。《小雅·六月》的中"织文鸟章，白旆央央"，说明周宣王北伐猃狁时周师所用的旗帜是绘有凤鸟、带有白色飘带的旗帜。

据《周礼》记载，先秦军旗主要有九种，分别是常、旂、旜、物、旗、旟、旐、旞、旌。常又叫太常、大常，是君王所用的军旗，旗縿上绘有日月或日月与龙、日月与北斗七星等混合图案。旂是诸侯用的军旗，旗杆上系铃铛，旗面上绘二龙。《周颂·载见》曰："龙旂阳阳，和铃央央。"旜是孤卿所用军旗，当用作军旗独立使用时，不画任何图案。夏商周时，因为每个朝代崇尚的颜色不同，旜的颜色也不相同，夏代主要为黄色，商、周分别为白色和红色。物为杂帛之旗，是大夫、士阶级用的军旗，不画任何图案，旗面上有双色对半或燕尾状的杂帛装饰旗边。旗为军将的战旗，上绘虎熊。旟是朝中官员的旗帜，画鸟隼。旐是郊野官吏的旗帜，画龟蛇。旐是九旗中唯一后接旆的旗，根据古制，可以兼下，不可以越上，郊野官吏以上都可以建旐。旂、旜、物、旗、旟、旐都是进兵时所用的旗帜。《小雅·出车》曰："我出我车，于彼郊矣。设此旐矣，建彼旄矣。彼旟旐斯，胡不旆旆？"这首诗生动再现了郊牧誓师、野外行军，各种旗帜迎风飘扬的壮观场面。旞、旌没有旗面，旗杆上装饰着羽毛或牦牛尾，旞由一束完整的五彩羽毛构成，旌由两束或两束以上羽毛呈枝状组成。旞、旌可以单独用来指挥或开道，也可以用来装饰其他旗。

鼓作为乐器的历史悠久，商周时期的鼓主要是礼仪之鼓和战鼓。礼仪之鼓主要用于宗庙祭祀等礼仪活动，周人称其为建鼓。战鼓专指应用在战争中指挥军队进击的鼓，还有报时、警众和鼓舞士气的作用。战鼓由鼓座、楹杆和鼓体三部分组成，楹杆上有旌旗和一杆戟。与建鼓不同，战鼓鼓座上附设着另一件乐器，孙机先生认为这就是命令军队停止进攻的"金"[①]。

---

① 孙机.保利藏金[M].广州：岭南美术出版社，1999.

金主要有铙、镯、铎、錞等，均为青铜质地，由不同等级的军吏执掌击鸣。负责执金的官吏身份较低，主要是下级官吏。《管子·三官》中记载，鸣金可以表示坚守、退却和免战。铙状如铃，镯似钟，又叫钲。钲即铜钲，又名"丁宁"，属行军乐器。钲外形像钟而更狭长，有长柄可供执握，战争中敲击铜钲表示收兵。铙盛行于商代，钲盛行于周代以后。《小雅·采芑》中的"钲人伐鼓，陈师鞠旅"，"钲人"是负责掌管击钲击鼓的官员。铎是一种类似于铙、钲，内有舌的铃，摇动才能发声。錞又叫"錞于"，形如圆筒，上大下小，以物打击而鸣。

通过对车、马、军旗、战鼓、金等战争用具的了解，我们可以想象：在一望无际的旷野中，两军对峙城外，车辚辚，马萧萧，金鼓配合战旗，指挥着全军将士，鼓声响起则全军出击，金声响起则全军止退，全军服令，战无强敌，场面是何等肃穆、何等壮阔！

战争并不是一两个人之间的打斗，而是政治军事集团之间大规模的武装冲突，也是不同群体文化的集中表现。因此，战争中常出现的器具必然涉及不同部落、不同民族之间的文化差异。周礼是周文化的核心，是周王朝的统治法则和行为准则。周人对周礼的崇尚与认可，同样体现在战争中。一方面表现为战争诗中对车马、旌旗、鼓金等相关器物饱含感情的描写，另一方面表现为对这些器物背后所代表的纪律和秩序的认同。

参考文献

一、著作

（一）古籍

1. 吕不韦. 吕氏春秋[M]. 高诱，注. 上海：上海古籍出版社，1989.

2. 司马迁. 史记[M]. 北京：中华书局，2011.

3. 班固. 汉书[M]. 颜师古，注. 北京：中华书局，2000.

4. 陆玑. 毛诗草木鸟兽虫鱼疏[M]. 北京：中华书局，1985.

5. 尔雅[M]. 郭璞，注. 北京：中华书局，1985.

6. 苏颂. 本草图经[M]. 尚志钧，校. 北京：学苑出版社，2007.

7. 姚际恒. 诗经通论[M]//续修四库全书编委会. 续修四库全书. 上海：上海古籍出版社，1995.

8. 王符. 潜夫论笺校正[M]. 北京：中华书局，1985.

9. 颜之推. 颜氏家训集解[M]. 王利器，集解. 上海：上海古籍出版社，1980.

10. 徐鼎. 毛诗名物图说[M]. 北京：清华大学出版社，2006.

11. 孙诒让. 诸子集成·墨子间诂[M]. 北京：中华书局，1954.

12. 贾思勰. 齐民要术[M]. 缪启愉，缪桂龙，译注. 上海：上海古籍出版社，2009.

13. 郦道元. 水经注[M]. 陈桥驿，点校. 上海：上海古籍出版社，1990.

14. 周振甫. 文心雕龙注释[M]. 北京：人民文学出版社，1981.

15. 戴望诸子集成：管子校正[M]. 北京：中华书局，1954.

16. 郑康成. 毛诗注疏[M]. 摛藻堂四库全书汇要，经部影印版.

17. 周礼[M]. 徐正英，常佩雨，译注. 北京：中华书局，2017.

18. 十三经注疏整理委员会. 礼记正义[M]. 北京：北京大学出版社，1999.

19. 杨天宇. 礼记译注[M]. 上海：上海古籍出版社，2004.

20. 十三经注疏整理委员会. 毛诗正义[Z]. 北京：北京大学出版社，1999.

21. 朱熹. 诗集传[M]. 赵长征，点校. 北京：中华书局，2017.

22. 仪礼[M]. 彭林，译注. 北京：中华书局，2012.

23. 礼记·孝经[M]. 胡平生，陈美兰，译注. 北京：中华书局，2016.

24. 胡奇光，方环海. 尔雅译注[M]. 上海：上海古籍出版，2012.

25. 杨伯峻. 论语译注[M]. 北京：中华书局，1980.

26. 周振甫. 诗经译注[M]. 北京：中华书局，2015.

27. 十三经注疏整理委员会. 尔雅注疏[M]. 北京：北京大学出版社，1999.

28. 十三经注疏整理委员会. 春秋左传正义[M]. 北京：北京大学出版社，1999.

（二）今人论著

1. 王国维. 人间词话 [M]. 上海：上海古籍出版社，1998.

2. 潘富俊. 诗经植物图鉴 [M]. 上海：上海书店出版社，2003.

3. 袁行霈. 中国诗歌艺术研究 [M]. 北京：北京大学出版社，1996.

4. 扬之水. 诗经名物新证 [M]. 天津：天津教育出版社，2007.

5. 方玉润. 诗经原始 [M]. 北京：中华书局，1986.

6. 陆文郁. 诗草木今释 [M]. 天津：天津人民出版社，1957.

7. 王文锦. 礼记译解 [M]. 北京：中华书局，2016.

8. 秦岭四库全书编委会. 秦岭四库全书·绿库——草木人间 [M]. 西安：西安出版社，2015.

9. 郭琦. 陕西五千年 [M]. 西安：陕西师范大学出版社，1989.

10. 斯维至. 陕西通史（西周秦）[M]. 西安：陕西师范大学出版社，1997.

11. 陈正奇. 柳絮集·秦中拾穗 [M]. 西安：陕西旅游出版社，2000.

12. 陈正奇. 长安农事拾遗 [M]. 陕西：陕西人民出版社，2009.

13. 西安半坡博物馆. 西安半坡 [M]. 北京：文物出版社，1982.

14. 中国社会科学院考古研究所. 新中国的考古发现和研究［M］北京：文物出版社，1984.

15. 王晖. 古史传说时代新探 [M]. 北京：科学出版社，2009.

16. 马承源. 中国古代青铜器 [M]. 上海：上海人民出版社，1982.

17. 陈文华. 中国农业百科全书·农业历史卷 [M]. 北京：中国农业出版社，1991.

18. 李根蟠. 中国古代农业 [M]. 北京：中国国际广播出版社，2010.

19. 郭文韬. 中国古代的农作制和耕作法 [M]. 北京：农业出版社，1981.

20. 孙常叙. 耒耜的起源及其发展 [M]. 上海：上海人民出版社，1959.

21. 刘梦溪. 中国现代学术经典 [M]. 石家庄：河北教育出版社，1996.

22. 白川静. 说文新义 [M]. 日本六甲山：白鹤美术馆，1969.

23. 刘雨. 西周金文中的军事 [M]. 北京：科学出版社，1998.

24. 王扶汉. 诗经新论 [M]. 天津：天津古籍出版社，1992.

25. 孙机. 保利藏金 [M]. 广州：岭南美术出版社，1999.

26. 高智群. 献俘礼研究 [M]. 北京：中华书局，1992.

27. 中国地方志集成编委会. 中国地方志集成 [M]. 南京：凤凰出版社，2007.

（三）方志

1. 合阳县志编纂委员会编. 合阳县志 [M]. 西安：陕西人民出版社，1996.

2. 佚名. 彬县县志 [M]. 中国地方志集成. 南京：凤凰出版社，2007.

二、论文

1. 杨卓. 现代陕西丧葬礼仪与周代丧礼承袭关系研究 [D]. 曲阜师范大学 2015 年硕士学位论文.

2. 王轶.《诗经》战争诗研究 [D]. 安徽师范大学 2016 年硕士学位论文.

3. 刘生良.《诗经》中的周代陕西诗歌考论 [J]. 陕西师范大学学报（哲学社会科学版），2012.

4. 毛忠贤.《诗经》涉及的三种婚俗形态 [J]// 第二届诗经国际学术研讨会论文集. 北京：语文出版社，1996.

5. 吴广义.《诗经》爱情诗在中国文学史上的特殊地位和影响 [J]. 阴

山学刊（社科版），1995.

6. 魏宏灿，王一侬. 从神圣领地到情爱禁区——桑文化发展试探[J]. 浙江社会科学，2001.

7. 巩启明. 姜寨遗址考古发掘的主要收获及其意义[J]. 人文杂志，1981.

8. 黄河水库考古队华县队. 陕西华县柳子镇考古发掘简报[J]. 考古，1959.

9. 李诗桂. 陕西邠县下孟村仰韶文化遗址续掘简报[J]. 考古，1962.

10. 罗振玉. 增订殷墟书契考释（中）[J]. 东方学会，1927.

11. 刘亚中."耒"的演变与"犁"的产生[J]. 中国农史，1997.

12. 王宏武. 周耜略议[J]. 农业考古，1988.

13. 陈振中. 青铜农具——镈[J]. 古今农业，1991.

14. 临潼文化馆. 陕西临潼发现武王征商簋[J]. 文物，1977.

15. 徐良高. 1997年沣西发掘报告[J]. 考古学报，2000.

16. 杨子范. 济南大辛庄商代遗址勘察纪要[J]. 文物，1959.

17. 吴兴汉. 安徽含山县孙家岗商代遗址调查与试掘[J]. 考古，1977.

18. 王炜林、郭小宁等. 陕西潼关南寨子遗址发掘简报[J]. 考古与文物，2011.

19. 宋兆麟. 我国的原始农具[J]. 农业考古，1986.

20. 田亚岐、翟霖林等. 陕西彬县水北遗址发掘报告[J]. 考古学报，2009.

21. 陈正奇，高谨.《诗经》所见周秦关中农事[J]. 西安财经学院学报，

2015.

22. 陈正奇.吕不韦与《吕氏春秋》及其农业科学价值[J].西安财经学院学报，2007.

23. 王鑫磊.《秦风·黄鸟》与周秦文化冲突探论[J].东方论丛，2009.

24. 陈正奇.西安地区最早的农耕部落——白家人[J].西安教育学院学报，2001.

25. 李成，钱耀鹏，魏女.陕西淳化县枣树沟脑遗址先周时期遗存[J].考古，2012.

26. 王炜林，张鹏程等.陕西高陵杨官寨遗址发掘简报[J].考古与文物，2011.

跋

  《秦风汤汤——〈诗经〉里的陕西》一书的出版问世，首先应感谢已故的我国著名先秦史研究专家、陕西师范大学历史文化学院斯维至教授。先生当年富有启发性思维的题目——"《诗经》所见关中农事"给了我最初的创作灵感，才有了数十年后《长安农事拾遗》《华夏文明纵横论》《秦风汤汤——〈诗经〉里的陕西》的陆续面世。

  记得40年前，我们这拨人乘高考制度恢复的春风，考进陕西师范大学历史系（后改为历史文化学院）。入校后第一学期，就有斯维至先生开设的《历史要籍》（有些高校叫文选）课程。当年先生六十开外，皓首银丝，戴着一副从外看是一圈套着一圈的高度近视眼镜，说着一口在我听来类似外语的浙江话，好在他写得一手好板书，字若行云流水，因此课程知识的接受和掌握就没有太大障碍（近年从网上看到北京琉璃街还有出售先生的书法作品）。

  到了大学四年级，要做毕业论文，论文题目可自选，也可在老师公布的题目中选取。记得斯维至先生给我们出了一个题目是"《诗经》所见关中农事"，竟无人问津。一是因为《诗经》难读，涉及音韵学，有些古音已消失在历史长河中；二是因为先秦史料少，以本科生所学知识很难完成此题目的要求。若干年后，仍无人染指此题目。

  2009年，我写了平生第一部农史著作《长安农事拾遗》，书名即取自斯维至先生所出论文题目,只是把其中的"关中农事"改为"长安农事"而已,此书被列入西安文理学院长安历史文化研究中心的首批学术著作出版之列,虽有著名作家陈忠实先生作序为之添彩,但我还要感谢斯维至先生当年的思路启微。书中有一篇"《诗经》所见关中农事之发端",就是按照斯维至先生当年的论文思路完成的习作。

2年后,西安文理学院历史专业向教师征集毕业论文题目,因我负责的学报编辑部有3个刊物,平时工作节奏较快,无暇思考这一方面的问题,便将斯维至先生当年给我们出的题目上报以充数。不久,我的学生高谨找我,说她要选"《诗经》所见关中农事"作为毕业论文题目。我很高兴地说,这是斯维至先生当年给我们出的毕业论文题目,据我所知,30多年过去了,一直无人问津。我一定竭尽所能,帮她完成这一论文。数月后,高谨同学顺利通过答辩,其论文虽未被评为优秀论文,但答辩组老师一致认为此文是这届毕业论文中难度最大的论文。

2015年,高谨同学自四川师范大学研究生毕业,公考进入西安文理学院供职,我们成了同事。在征得高谨同学同意后,我将《长安农事拾遗》中收录的"《诗经》所见关中农事之发端"一文与高谨的"《诗经》所见关中农事"一文合二为一,用"《诗经》所见周秦关中农事"之名,将此文以两人名义发表于《西安财经学院学报》2015年第5期。当时适逢斯维至先生百龄华诞,我便在此文后写了附记:"本文题目是陕西师范大学历史文化学院著名先秦史研究专家斯维至教授34年前为历史系77级学生发布的毕业论文题目之一。34年后由当年的学生陈正奇和他的学生高谨合作完成。谨以此文献给斯维至先生百龄华诞。"

没想到这篇文章发表后不久,有幸可以此文为样,撰写一部以《诗经》为主要线索反映陕西文化内涵的书。

于是,我邀请共事多年的刘宁教授共同撰写。刘宁教授是文学博士,就职于西安文理学院,主要从事先秦文学的教学研究工作,曾做过《诗经》里的秦岭诗研究,出版有《司马迁〈史记〉叙事学研究》等专著,有着深厚的文史功底。刘宁教授撰写第一章风俗、第四章政治、第五章战事,高谨同学撰写第二章植物,我撰写第三章农事。以外,陕西师范大学文学院硕士研究生马思轩参与了本书前期的资料搜集与整理工作,参考文献由魏兴硕士整理。

书稿仓促成形,限时出版,虽经多次修改,舛误难免,仅是周秦时代陕西社会的浮光掠影。诸如"炰鳖脍鲤"之类的衣食生活和"吹箫鼓簧"的娱乐活动,尚未涉及,故不能全面反映周秦时代的陕西社会,深为憾事。同时,书中也存在着作者对《诗经》理解不到位之处,对文献掌握不全面等,主要责任在于本人才疏学浅,书中难名存在疏漏,敬请读者提出宝贵意见,以便修订再版。

陈正奇

2018 年盛夏于西安市大寨路融侨城